박진용 朴辰用

충북 보은에서 출생.
현재 지기감정사로 활동.

시집
『명태와 북어』『내가 꽃이 될 차례다』『붓꽃 피는 마을까지』『고장난 시간』『하늘궁전』
『천불천탑』『불경이 나를 읽다』『푸른 암자』『계룡천하』『한 편의 시와 일흔 한 편의 시』

대전광역시 서구 중반 1길 11 (변동 33-22) / 전화 042. 533. 4032 / 010. 7522. 4032

물은 물같이 흐르고

물은 물같이 흐르고

박진용 시집

심지

□ 시인의 말

70년 동안 제대로 살아보지 못하고
뻰뻰스러운 낯짝 제기랄 놈으로 살아왔기에
내딛는 발바닥 발뒤꿈치 차마 부끄럽다
흩날리는 턱수염 더더욱 진 죄가 많다

얼얼한 고춧가루 듬뿍 뿌려
끔찍해라 손짓 발짓 핏대까지 세운 세상
냄새나는 궁둥이라도 꾸짖고픈 고약한 늙은이
구름 모자를 벗어던진 나는 덧없는 나그네

고색한 청자빛 푸른 하늘이 무색하다
잔광이 머리 위에 비친 보름달처럼 나는 그 원죄의 천벌을 받으려니
더불어 살아온 은혜와 은총이 그 얼마만큼 큰 것일까
이승에 진 빚 죄송함은 없었을까
여기 정성을 담아 조금이라도 씻으려한다

2OO15 여름

박진용

차례

시인의 말 005

제1부

70년 고갯길 021

물은 물같이 흐르고 022

길고 짧고 높고 낮은 023

출렁이는 푸른 하늘 아래 024

청금석같이 희디흰 흰 구름 025

빛을 깨고 026

어둠의 어둠 속에서도 027

영혼의 무게는 쓰디쓴 빵조각 028

걷잡을 수 없는 길 위에서 029

귀로다 귀로다 030

삶과 죽음 밖에서 031

태산 중턱까지 올라왔다 032

눈은 보라 하고 033

마음속의 그림이 다시 살아난다 034

물방울 튕기며 흘러가는 여울물같이 035

모닥불은 꺼졌지만 036

산이 좋아 산에 살다보니 037

한 발 한 발 내딛는 필생의 탑돌이를 한다 038

얼굴을 가린 세상 속에서 039

내가 걷는 길은 내 몸 안에 있다 040

지평선에서 지평선으로 1 041
바람이 쉬고 있는 곳에서 042
내 몸 속에 꽂힌 비수가 있다 043
상아와 금으로 빚은 044
많은 시간들이 탑 속에 있다 045
노래가 있어 종소리 울리고 046
더 자유로워지기 위하여 047
그곳은 혼자 가는 곳이다 048
내가 누구지 내가 누구지 049
바늘구멍 속으로 세상을 보라 050
은밀한 시간 051
죽음의 시간이 나에게 다가와 052
호젓한 산중 패랭이꽃 053
나는 산인이다 054
먼 산의 푸른 빛 반기듯 055
나는 여울목의 검은 조약돌 056
세상의 무연은 없다 057
남쪽 산모롱 북쪽 산굽이 058
집을 나서면 천 갈래 만 갈래 길 059
한 구절 한 구절 060
캄캄 그믐밤 061
하늘 천 땅 지 사람 인 062

제2부

말도 없이 뜻도 없이 065
시간 밖에서 정북쪽에서 066
여기 땅이 있다 067
한편의 시 속에는 말이 없다 068
지붕이 없는 우주의 집에서 069
바닷가 070
길 위에 섬 빛이 보인다 071
시간의 뿌리는 피를 마신다 072
새로운 언어를 찾아야만 한다 073
말은 말을 낳는다 074
벽에도 구멍이 있다 075
너를 위한 노래 076
겨울바다가 등지느러미를 달고 077
삶의 깊은 풍정이 날갯짓한다 078
홀로웁다 079
사랑할 때만 불타올라라 080
바늘구멍으로 세상을 보라 081
여름 협곡이 깊은 곳 082
던진 돌멩이 하나 083
얼마간의 온기가 느껴지는 084
침묵을 지키고 있는 나무와 나무들 085
업아 업아 086

경계 너머 087
참 경계 088
지는 꽃향기 089
설월(雪月) 090
솔 그늘에 홀로 앉아 091
묻노니 어디 있는가 092
건너지 못하는 093
시인은 운율의 진통을 094
나의 눈은 변두리에 있다 095
어디에도 가는 길이 없다 096
그늘 속이 그지없이 밝다 097
삶을 시작하기도 전에 098
산그림자가 술렁이는 099
심장에서 북을 친다 100
마음의 짐이 무거워서 101
벽 속에 한 말씀이 있다 102
이끼 낀 골짜기 103
만발한 들꽃들을 어찌 찬탄하지 않으랴 104
산들바람도 고요한 대지도 105
불멸의 운명은 필멸이다 106
햇살은 누리의 대지를 품고 107
감응(感應) 108
막이 내리고 109
나는 뒤로 걷는다 110

제3부

어느 길모퉁이에서 113
토굴 속에 사는 곰처럼 114
꽃들이 소리를 지른다 115
참자 참자 참자 — 삼인의 노래 116
내 그림자와 둘이서 117
나 그 산에 오르고 싶다 118
바람의 은유는 백발이다 119
도솔로 가는 길 120
텅 빈 그 무엇이 121
광인의 노래 122
광인 123
흰 터럭 산발머리 — 자화상을 그리며 124
열반문 열리다 125
산사길 126
송죽선생 127
저 경계 128
흰 돌 129
흰 차돌멩이 130
시간의 짐을 벗어놓은 자리 131
눈 먼 창문을 열면 132
나는 발가벗었다 133
빛과 소리 134

나는 영혼의 절벽 위에 서 있다 135
막이 내려지고 박수를 친다 136
막바지에서 137
뿌리의 뿌리를 찾는다 138
참나무 한 그루 139
나를 기다리는 세상 140
진망(眞妄) 141
나의 옷을 적시다 142
진망의 노래 143
태고에 부는 바람 144
미륵불 145
밤고양이가 울음 울듯이 146
큰 허공 1 147
큰 허공 2 148
늘 깨어있는 침묵 속에서 149
나는 묘혈을 찾아 길을 나선다 150
금지된 삶을 숨쉬며 151
생각하라 지나간 세상 152
잃지 않는 것은 아무것도 153
태어나지도 마라 154

제4부

어둠을 넘어서 먼동이 트고 있다 157
내 인생의 옆구리에서 158
사랑하고 사랑했지 159
나는 스스로를 알고 있다 160
운명의 자유를 선택받을 수 있다면 161
환희의 외침 속에서 162
늦은 저녁 163
삶이여 삶이여 삶이여 164
눈물 없이 울랴 165
하늘에는 푸른 안식처가 있다 166
꼭 세상을 씻어줄 것만 같다 167
하늘문을 두드리다 168
혼자서 169
분노의 뒤에는 슬픔이 170
침묵의 눈꺼풀을 감고 171
사랑은 죽지 않는다 172
가던 길 오던 길도 173
날개 찢긴 투명한 하늘과 174
요람의 침대에서 아이는 잠깨어나고 175
어두움은 우주로 통하고 176
귀뚜라미가 귓뜰뒷뜰 노래한다 177
무덤 없이 꽃이 피고 178

쥐불을 태우는 들녘 너머 179
촛물이 흘러내리는 촛불 아래서 180
촛불을 끄고 자유를 생각하니 181
숲 속에는 소리의 음률이 182
독수리눈으로 본 영원한 자유 183
비밀 지도책을 백 년 뒤에 펼쳐보니 184
울창한 숲 속의 공간이 생각난다 185
대지는 성스럽다 농군의 삼지창에는 186
물과 하늘이 쌍둥이 형제처럼 187
비정한 조국을 향해 188
생의 대합실에서 189
형제도 자매도 자살했다 190
탈을 쓴 천사들의 목소리처럼 191
더욱더 순수하여져라 192
침묵의 뒤안길에서도 들려오는 193
가슴에 꽂힌 칼과도 같은 194
살기 위해 밥을 먹기 위해 195
모진 세상에는 속죄뿐이다 196
바다에서 불어오는 해풍이 197
용사의 동상 앞에 서면 198
성좌의 별을 일후를 발견한다 199
내 자신 속의 나의 인간을 찾기 위해 200
연유도 이유도 시련도 201
결코 정신은 높은 곳에 있지 않다 202

제5부

마음이 눈먼 사람보다 205
잃어버린 용기를 되찾기 위해 206
순교를 준비하는 사람처럼 207
인간의 앞잡이로 사냥감을 돕는 208
높은 관을 쓴 너의 이름은 꽃사슴 209
아침 햇살 문지방 너머에서 210
모정의 샘물에서 길러낸 211
큰 산 꼭대기에서 212
언제부터 순결한 미소를 띠고 213
그는 죽었다 그는 죽었다 214
한적한 오솔길 옆에서도 215
한 그루 팽나무 216
들녘에 나가보면 217
심산유곡을 찾아서 218
창문을 여니 219
눈물 없이 어떻게 220
이 세상에서 소중한 것은 221
강가에 가면 물을 보라 222
나무를 심는 것도 나 223
선홍빛 붉은 새벽하늘이 224
나는 영혼의 절벽 위에 서 있다 225
씻어도 씻어도 씻기지 않는 슬픔이 있어 226

누가 이 야음을 추적하는가 227
멀미가 난 세상 한복판 228
더 이상 항해일지는 필요 없다 229
동상은 어디에도 서 있는데 230
얼마나 멀리 외떨어져 왔는지 231
이런들 저런들 무덤인들 232
무엇이 무엇이냐 그 무엇이 무엇이로다 233
병든 대지가 신음하고 민생이 응답한다 234
강물에 비친 흔들리는 하늘처럼 235
눈살 찌푸리는 충만으로부터 236
모든 생애 쪼그리고 앉아서 237
이 땅은 부패공화국 만세다 238
옆걸음질만 치는 꽃게처럼 239
낙인찍힌 물든 운명에서 240
금빛 화살이 꽂힌 언덕 241
천둥불 같은 자식을 가슴에 묻고 242
독한 술로 목을 축이고 243
왜 여기에 고운 피가 흐르지 않으랴 244
나는 소외된 자 너는 패배한 자 245
하늘도 푸르고 꿈도 푸르고 — 누리의 첫돌을 맞이하여 246
님아 님아 초겨울 가랑비 247

제6 부

검은 바위 251
눈물이 되어 저녁강이 흐른다 253
돌이여 돌멩이여 돌이여 돌멩이여 254
저녁별을 헤이다가 가리키다가 256
크고 넓은 세상 둥근 하늘 아래 258
욕망의 불꽃 속에서 260
하늘아 너의 이름은 에메랄드빛 261
별들은 왜 멀리서 빛나는 것일까 262
묘지산성의 그림자처럼 263
마지막 전동차의 온기를 느끼며 264
영혼을 위해 사는 사람은 266
순백한 밤이여 늑대의 울음이여 268
투명한 시간이 물들은 270
창문은 하나의 광명이다 271
새들은 떠났다 푸른 영지로 272
이 세상 나머지들아 273
죽은 자들의 넋이여 노래여 274
머지않아 경의를 표하게 될까 275
산다면 다시 태어나지 않으리라 276
여기에 생명이 없다면 278
거울이 등지고 앉았다 279
좌절의 맛과 슬픔의 맛과 280

모든 담쟁이들이 그렇듯이 281
바람소리조차 들려오지 않습니다 282
진실과 대항하는 사람에게는 언제나 284
발효된 역사의 시간이 멈추었습니다 286
호국 산천 가는 길에 288
아니다 우린 아직 혼자가 아니다 289
주홍빛 햇살이 세상을 다시 만든다면 290
나루의 배가 강을 건너가듯 — 이번 시집을 끝내면서 292

해설 함께 가는 해탈의 길, 시의 길 오홍진 295

제1부

70년 고갯길

칠
순
칠순
칠순 칠순
칠순 칠순 칠순
칠순 칠순 칠순 칠순
칠순 칠순 칠순 칠순 칠순
칠순 칠순 칠순 칠순 칠순 칠순
칠순 칠순 칠순 칠순 칠순 칠순 칠순
칠순 칠순 칠순 칠순 칠순
칠순 칠순
칠순 칠순
칠순 칠순
칠순 칠순
칠순 칠순
칠순 칠순
칠순칠순칠순칠순칠순칠순칠순칠순칠순칠순칠순칠순
칠순칠순칠순칠순칠순칠순칠순칠순칠순칠순칠순칠순
뒤돌아보니 벌써 칠십 년 강나루에까지 덧없이 흘러왔구나
여기에 고희를 맞아 물푸레나무 한 그루 심어놓고 창해로 나는 간다

여기에 물푸레나무 한 그루 심어놓고 창해로 난 간다

물은 물같이 흐르고

물은 물같이 흐르고
불은 불같이 타오르고
바람은 바람같이 불고
나는 나의 길을 간다

물은 물같이 흐르고
불은 불같이 타오르고
바람은 바람같이 불고
나는 나의 죽임의 탄생을 맞는다

길고 짧고 높고 낮은

길고

짧고

높고

낮은 세상에서

호두알을 깨고 있는 다람쥐

힘들게 살아가기까지

생명이 끊어지는 그 순간까지

항상 목이 마르다

출렁이는 푸른 하늘 아래

출렁이는 푸른 하늘 아래
잠자는 바다는 어머니의 품안 같다
첫 걸음마를 시작하던
내 유년의 태양

방울소리 방울방울 울리며
엄마의 젖꼭지를 더듬던 아기
비단실 엄마의 목소리
종탑 위에 해그림자가 슬피 웁니다

청금석같이 희디흰 흰 구름

청금석같이 희디흰 흰 구름
산그늘을 드리운 뜸한 소릿길 무덤
떨어지는 회한의 눈물
어머니께 꽃을 따서 한 아름 바칩니다

송이송이 꽃은 향기로워도
백 년의 꽃그림자로도 다시 피지 못하는 인생길
관자놀이 그리운 나의 어머니
꽃을 따왔습니다 울면서 따왔습니다

빛을 깨고

빛을 깨고
나를 잊을 때
망각의 끝자락에 있는
내 무덤은 환하다

자욱이 내린 안개
비탈길에 굴러가는 돌멩이
눈먼 산들이 내려다보는
시끄러운 세상

어둠의 어둠 속에서도

어둠의 어둠 속에서도
밝음의 빛 속에서도
까마귀는
어디엘 가나 검은 옷으로 휘장을 한다

동굴 속에 숨어 사는
박쥐는
밝음 속에서는 날개를 펴보지도 못하고
기척소리조차 발설하지 못한다

영혼의 무게는 쓰디쓴 빵조각

영혼의 무게는 쓰디쓴 빵조각
가엾다 할 수 없는 혹성의 탈출
지구의 반란 배신의 눈물 한 줌을 보라
안개 낀 행로를 혼자 걸어간다

은밀한 정신의 죽음의 입맞춤
불경한 심경을 헹구고 세안을 하는 사람들
저 인간들의 노예근성과 숙명적 운명을 보라
노래하는 새에게는 슬퍼할 시간이 없다

걷잡을 수 없는 길 위에서

걷잡을 수 없는 길 위에서
그 길 위에서 희망의 침묵의 날개가 있어
파열하는 격정의 노래가 있어
나는 낮은 목소리로 걸어가고 있다

생애의 또 다른 길 위에서
그 길 위에서 호수의 메아리도 들려오지 않는
숨찬 오열의 의혹이 솟구쳐 찢어신 내 가슴
어느 오솔길을 나는 바람같이 걷고 있다

귀로다 귀로다

귀로다
귀로다
소곤소곤 대는 소리에
밝게 비추인 산기슭

도랑물이
위험위험
여울목 길을
졸졸졸 건너가다

삶과 죽음 밖에서

삶과 죽음 밖에서
차가운 빗물에 씻긴 것은
돌과 흙과 풀이다
절절한 목소리다

강과 저녁노을 사이
물그림자 하늘이 출렁거리며
깊은 물 밑에 잠긴 것은
대지의 붉은 열매다

태산 중턱까지 올라왔다

태산 중턱까지 올라왔다
더 올라가도 되고 내려서도 상관없다
시끌시끌한 중심에 앉아 있다
눈멀고 귀먹은 귀가 먹먹하다

태산이 홀로 침묵하는 고통을
결코 깨우거나 잠을 재우는 소요의 도리는 아니다
내가 오랜 침묵이요 고통인 것을
태산은 이미 전조부터 알고 있었을 게다

눈은 보라 하고

눈은 보라 하고
귀는 조용하라한다
온몸으로 음영을 느끼면서
의지에 반하거나 동하거나 한다

자국을 남기는 마음의 행로
긍정의 방식으로 영혼을 살찌워라
하염없이 줄기차게 내키는 내로 바람같이 걸림 없이
풀섶에 앉아 흘려 보내는 시간의 종소리 들어라

마음속의 그림이 다시 살아난다

마음속의 그림이 다시 살아난다
흐릿하고 다소 슬픈 듯 몽상의 희미한 발돋움
당혹스러운 인식과 현재의 이 순간 속에
산기슭을 찾아 뛰어다니는 청노루 골짜기

유쾌한 풀밭을 거느린 채
자연이 이끄는 대로 흘러가는 고적한 시냇물소리
무언가의 두려움도 없이 바람같이
무량한 즐거움 내 몸짓은 한 마리 산짐승 같다

물방울 튕기며 흘러가는 여울물같이

물방울 튕기며 흘러가는 여울물같이
험한 산악 골짜기 이끼 낀 검은 바위틈에서
향긋한 일일초 꽃 덤불 아름드리 물푸레나무그늘에서
내가 할 수 있는 일 인간의 신조를 생각했다

언젠가는 저 여울물도 졸졸 흘러 해인에 가닿겠지
대지의 가슴팍에 피어나는 아름다운 색조를 읊조리며
자연의 풍광과 쓸쓸하고 가여운 옹이진 마디
늪 속에 넘어진 한 그루의 고목나무를 생각했다

모닥불은 꺼졌지만

모닥불은 꺼졌지만
북극성자리 섬광이 질주하듯
꿈속에 나타난 하루
아직도 나는 하루씩 산다

아아 하루 딱 하루
하루일지라도 더 없는 시간을 이끌어가는
절망을 굴복시킬 수 있는 오롯한 정진
운명아 너를 슬퍼할 시간이 없다

산이 좋아 산에 살다보니

산이 좋아 산에 살다보니
산채나물과 웅달의 독버섯도 잘 알고
영원히 슬퍼해야 할 인간들의 저 몸짓 욕심들
새끼올빼미와 까마귀 울음소리도 나는 알아듣는다

청명한 봄맞이 초록산울림 속에
밝게 빛나는 신록의 햇살 아래 서면
여보세요 여보세요 부르는 바람의 목소리
잠깬 영혼 산유화가 산천에 꽃등을 내다건다

한 발 한 발 내딛는 필생의 탑돌이를 한다

한 발 한 발 내딛는 필생의 탑돌이를 한다
청람빛 하늘로 춤추며 날아가는 채색된 흰 구름처럼
인적 없는 광야에서 숨죽여 우는 검은 바위처럼
마음속에 꺼지지 않는 인고의 종착지를 향해 떠나는

시창작의 힘으로 나의 영혼을 바치는
결국 미래의 부름을 들을 수 있는 오직 그것 뿐
온갖 생명의 변두리 무명의 투쟁 속에서
안개 속에 자취를 감춘 마을을 찾아가는

얼굴을 가린 세상 속에서

얼굴을 가린 세상 속에서
수많은 별들이 해인의 바다에서 빛나고 있다
너울지는 파도소리 하늘 꼭대기
천공을 때리는 현상

보라 작은 별들의 속삭임 속에서
구름 덮인 서풍이 거친 아침노을의 광경을
열린 세상의 장엄한 오로라를
길섶의 작은 꽃송이 하나 목을 놓는다

내가 걷는 길은 내 몸 안에 있다

내가 걷는 길은 내 몸 안에 있다
피와 살의 심장 속에 뛰고 있다
달빛처럼 흐느끼는 나의 정령아
하늘의 뭇별들이 잠든 북극성 자리

열띤 계절이 눈물짓는 밤
이루지 못한 손길마다 맘을 잃었던가
산자락 끝 속살대는 바람결 너머
나뭇잎들의 노래 나는 통곡을 숨겼다

지평선에서 지평선으로 1

지평선에서 지평선으로
수평선에서 수평선으로
발돋움 걸어가는 길손 길잡이
혹한의 얼음구멍 속에서도 봄은 오고 있다

어둠 속에서는 별이 빛나고
얼어붙은 땅속에서는 새싹이 움트고 있다
시간과 공간은 영원히 사라지지 않는
대지의 어머니 일기를 일깨워주오

바람이 쉬고 있는 곳에서

바람이 쉬고 있는 곳에서
뿌리 깊은 대지에 물을 마시고
우듬지 나무 위에 살랑거리는
내 가슴이 넓어지는 것을 느낀다

우주의 무게를 손끝으로 감지할 때
내 무릎을 꿇게 하는 성스러운 밤이 있다
그때면 나는 기도를 한다
소리 없이 큰 원을 그리면서

내 몸 속에 꽂힌 비수가 있다

내 몸 속에 꽂힌 비수가 있다
내 모든 동맥 속에 박동소리가 있다
아직도 핏 속에 흐르는 뜨거운 기억이 있다
향불 켜놓은 제단이 있다

한번 되돌아봐야 할
소리쳐 울부짖는 이 밤
확실한 것은 아무것도 없지만
영혼이 배반을 먹고 사는 세상이 있다

상아와 금으로 빚은

상아와 금으로 빚은
천 개의 부처님 모가지를 잘라
유서 깊은 관음의 입상 앞에
달빛 흰 피를 뿌려라

눈썹을 치켜 올리고
자기 영혼을 메고 가는 사람들
단호하고 우렁찬 명령처럼
도도히 흐르는 물결같이 홀로 걸어가라

많은 시간들이 탑 속에 있다

많은 시간들이 탑 속에 있다
무르익은 달빛 속엔
어릴 적 동화가 꽃 핀다
심연 속에 무한히 빠져든다

텅 빈 침묵이 흐른다
눈을 뜨고 보면 삼경의 별빛뿐
어디서 들려오는
정적의 풍화작용 소리

노래가 있어 종소리 울리고

노래가 있어 종소리 울리고
산간의 딱따구리 구멍을 판다
영혼은 풍경 속에 몸을 비비고
바위들은 나에게 침묵을 지키고 있다

하늘과 땅은 하나다 만물은 회전한다
가랑잎은 떨어지고 색채들은 화르르 타오른다
두 강물이 흘러간 자리 땅 위의 정적소리
한 그루 종려나무의 발걸음이 가볍다

더 자유로워지기 위하여

더 자유로워지기 위하여
저 먼 땅의 강을 건너가야만 한다
도달한 자의 먼 길은 머잖아 표상이 된다
살을 발라낸 흰 뼈들은 서로서로 상호상통을 한다

어둠 속에 모습을 드러낸
독수리들의 날개 속에는 잠깬 비상이 있다
촉촉히 하늘 아래 서서 운명의 시간을 들여다보는
상수리나무 우듬지에 초록 광음이 열렸다

그곳은 혼자 가는 곳이다

그곳은 혼자 가는 곳이다
태양이 갈라진 틈으로 만유인력의 법칙이
지배한다 하늘에 닻을 내린 채
오래된 진실들을 볼 수 있다

땅 아래 고요한 곳에
머나먼 먼 나라의 작은 섬
두개골과 흰 뼈다귀
체백의 숲은 그렇게 온화하다

내가 누구지 내가 누구지

내가 누구지 내가 누구지
내가 누군지 당최 알 수 없다
집 떠난 의식이 다시금 나에게 되돌아와서
잠 깨어있는 고양이처럼 공을 굴린다

오랜 시간이 지난 후
나의 이름이 생각나고 성벽 바깥에서
북소리 들리는 곳 나를 구출해줄 층층이 하늘계단
무의 지옥에서 나 자신을 장사지냈다

바늘구멍 속으로 세상을 보라

바늘구멍 속으로 세상을 보라
벚나무들이 흥얼대는 춘색을 들어라
머리 몸통 무릎을 덮어줄
초록 잎새들이 마음을 환하게 한다

연분홍 꽃등이 켜진 산기슭
황홀경 속에 유영하는 발걸음
망자의 목소리가 걸어 나오는 무덤가에
초록 잎새들이 땅을 환하게 한다

은밀한 시간

은밀한 시간
내 영혼은 혼자다
엿보는 사람
하나 없다

찬란한 고독 속에서
외로움은 홀로 고요하다
나를 감싸고 있는 천체우주는
눈살을 찌푸린다

죽음의 시간이 나에게 다가와

죽음의 시간이 나에게 다가와
내 마음 속에 피어날 마지막 희망
푸르게 푸르게 높은 하늘을 바라볼 수 있다면
나는 백 번 고쳐죽어 용담꽃을 피우리라

떠가는 청명 하늘 눈썹 사이로
다정하고 고요한 속삭임들 유랑하는
시냇물소리 살을 에는 혹한의 밤을
별빛과 더불어 잠들려한다

호젓한 산중 패랭이꽃

호젓한 산중 패랭이꽃
바람결 바위틈에 피어 있기에
무심히 한 송이 꺾어들고
모래재를 넘어 가노라면

나뭇잎 귀 기울이는
먼 마을의 닭 우는 소리
적막강산의 고요 소리
구름 그림자 아득하다

나는 산인이다

나는 산인이다 초야에 머리 두고
산천에 뼈 한 줌 묻어 흩뿌리려니
뻐꾸기도 이미 다 떠난 빈 산 오두막집
이 밤 저 밤엔 촛불 하나 켜놓지 마시라

아스라이 먼 산에 에워싸여 살아도
세 치 혀로 남의 비위를 맞추지 않으려니
남달리 속된 혐오감과 더러운 불의와 시비를 떠나서
창호에 베어나는 고색창연한 달빛을 사냥하리라

먼 산의 푸른 빛 반기듯

먼 산의 푸른 빛 반기듯
푸른 산 감기는 흰 구름송이
바람 소리 절로 울리고
풀숲 도마뱀 꼬리 내보이다

늦게 핀 꽃 엷은 노을
바위틈 맑은 물 세월 가네
비로소 일 없음을 깨달은 정취
마음 가는 대로 산행을 하다

나는 여울목의 검은 조약돌

나는 여울목의 검은 조약돌
졸졸졸 흐르는 맑은 저 귀 울음
근원은 알 수 없으나
어느 산기슭 어느 무덤까지 머흘거나

한 줌 덮어줄 흙도 없이
한 줌 숨겨줄 수풀도 없이
낮달과 동무하고 픈 검은 조약돌
내 붉은 간과 심장을 헹구다

세상의 무연은 없다

세상의 무연은 없다
어딜 가나 다 필연의 곡절
떠날 사람은 모두 갈 곳으로 다 떠나고
남을 사람은 여기에 나만 홀로 남아있으리

이 한 몸 숯불덩이 덩그러니
붉은빛 불꽃 사그라지면 나를 잊겠지
내일이면 내가 나를 잊어 살려니
온 천지 스치는 인연뿐이다

남쪽 산모롱 북쪽 산굽이

남쪽 산모롱 북쪽 산굽이
낮에는 밭일구고 저녁에는 책보기
이제야 사는 맛 즐거운 여생
보잘것없는 삶이라 비웃지 마오

사람 마음 해와 달 같아
본래 성품 지켜주는 농본주의
콩 심은데 콩 나는 자연의 깨우침
번뇌가 절로 씻겨 지혜롭다

집을 나서면 천 갈래 만 갈래 길

집을 나서면 천 갈래 만 갈래 길
오롯이 산자락을 타고 넘으면 한 줄기 길
산사로 통하는 관음보살 진여의 길
지팡이에 몸을 의지하랴 선정의 자리

흰 구름 깊은 곳에 솔바람 소리
푸른 옷 한 벌 입은 이끼 낀 바위
청산이 좋다는 말 마음의 깨우침
안분지족 초연히 산수간에 살고 싶다

한 구절 한 구절

한 구절 한 구절
천 소리 만 소리 염불
석가모니불 석가모니불
불경이 나를 읽다

코끝으로 관한 청정
면벽참선 우레 소리
일체의 모든 고뇌 떨치면
땅이 깨지고 붉은 해 솟으리라

캄캄 그믐밤

캄캄 그믐밤
반딧불 몇 점
깜빡이며 제 모습 숨기지 않고
나부끼듯 나래치는 군무

강가 수풀에 앉아
물고기 뻐금대는 소리
돌아가는 뱃머리 비춰주려는지
가녀린 천지광음 꽃망울 터뜨리다

하늘 천 땅 지 사람 인

하늘 천 땅 지 사람 인
본래 몸 밖의 몸은 형상이 없는 것
단 한 마디 말씀도 없는 무언의 말씀
눈 감으면 더 잘 보이는 광경

나의 스승은 정법안도
장광설도 신통도 교화도
가리키는 손가락도 아니다
청량한 마음의 자리를 밝히는 것

제2부

말도 없이 뜻도 없이

말도 없이 뜻도 없이
다가오는 사람들이 지겨워
여기 야성이 살아있는 말이 있어
뜻이 있어 길이 있어 좋다

쓰이지 않는 모음들
사방팔방으로 흩어지는 자음들
눈 속에 순록의 발자국이 찍힌 말
말 말 언어의 집이여

시간 밖에서 정북쪽에서

시간 밖에서 정북쪽에서
자작나무 숲 속에서 뻐꾸기 한 마리
뻐꾹뻐꾹 뻐꾹
산기슭 목관 뚜껑을 만지고 있다

여름이 늙어가고 있는 이 땅을 박차고 일어나
꼬리털을 치켜 올린 채 멀리 서쪽으로 사라지는
저 뻐꾸기울음 한 마리
초록 잎들이 웅성웅성 거리는 소리를 듣는다

여기 땅이 있다

여기 땅이 있다
땅과 하늘 사이
저기 하늘이 있다
하늘과 땅 사이

있음도 있고 없음도 없다
바람 일어 미풍의 이름이 될 뿐
너와 나 사이 여기 네가 있고
나와 너 사이 저기 내가 있다

한편의 시 속에는 말이 없다

한편의 시 속에는 말이 없다
행과 행 사이에 피가 뚝뚝 떨어지는
바다가 무성하고 죽음이 무성하고 폐허의 광경이 흐르는
고대의 용암을 녹일 듯한 처절한 광기의 신음소리여 광음천지여

수백억의 눈으로 외치는 망각의 세계가 있어
이 밤 때 아닌 거울에 비치는 문명의 생지옥이 있어
태양의 명멸 우물 속의 독사 맹호의 질주 같은
피비린 냄새여 광야의 빛이여 차라리 나를 눈감게 해다오

지붕이 없는 우주의 집에서

지붕이 없는 우주의 집에서
오래된 은행나무를 만나러 갔다
어디선가 바람소리 들려오는 건지 흔들리는 나뭇잎
옛날 연인의 목소리가 황금빛 노을을 타고 곱게 배어온다

고개 숙이고 귀 기울여 들어보아도
손에 손을 포개고 잡아주던 연인의 마음같이
슬픈 미소가 포개지는 흐느낌 하늘 끝
텅 빈 가슴에 시린 눈시울이 아롱아롱 눈부시다

바닷가

바닷가
푸른 경계 너머
구름다리 건너
펄밭에

고 작은 손이
흔들어주는
한 마리
농게

길 위에 섬 빛이 보인다

길 위에 섬 빛이 보인다
휘어져있는 강기슭 자갈밭
맑은 물결 어루만지고
부여잡은 한줌의 모래알

한줌의 모래알에서
파란 우주를 알알이 꿈꾸고
별빛 반짝이는 소리에
나는 떠내려갔다

시간의 뿌리는 피를 마신다

시간의 뿌리는 피를 마신다
철거민들은 하늘이불을 덮고 신음한다
우뚝 솟은 상아탑을 과시하는 아파트 군락
울타리 없는 공터에 꽃뱀이 기어간다

손가락마디에 뚝뚝 떨어지는
피가 타는 강 반지하방 생활고에 목을 맨
죽은 엄마 젖을 빨고 있는 아기
울음 없는 울음이 으앙으앙 터질 것 같다

새로운 언어를 찾아야만 한다

새로운 언어를 찾아야만 한다
야간비행기가 하늘에 별이 되었다
희미한 빛을 발하는 뉴스
느릅나무가 땅을 파고 있다

빈 포크레인 한 대
주먹손을 땅에 내려놓았다
내가 사랑하는 조그마한 것들
초록 방언들이 천지를 뒤덮었다

말은 말을 낳는다

말은 말을 낳는다
성자를 자칭하는 말도 있지만
타락의 낙원에서 파닥이는 죽은 말들
끊임없이 미끄러지는 붉은 혀뿌리를 보았다

맹서가 제대로 지켜지지 않는다
악몽에서 깨어나니
더 큰 악몽을 만나는구나
증오로 둔갑한 사람들을 보았다

벽에도 구멍이 있다

벽에도 구멍이 있다
산속 아름드리 느릅나무에도 딱따구리 구멍이 있다
발가벗은 이 세상 너머
진리에도 못 박힌 구멍이 있다

나는 차마 입을 열 수가 없다
순간 내 눈구멍을 뚫고 수천 개의 혀뿌리가
끝나지 않은 세상 이야기가
참과 거짓의 구멍 속에 혈흔이 묻어났다

너를 위한 노래

너를 위한 노래
너를 위한 노래
너를 위한 노래
온통 너를 위한 노래일 뿐

저렇게 많은 달이 떴지만 공중제비를 했지만
같은 땅 같은 하늘 아래 걸어갔지만
세상이 갈라지는 천둥소리뿐
정작 나에게는 나의 노래가 없다

겨울바다가 등지느러미를 달고

겨울바다가 등지느러미를 달고
해인의 하늘처럼 반짝이고 있다
온갖 음향들이 신기루처럼
시간 속에서 현기증을 일으킨다

철썩이는 한낮의 푸른 광선이
태양의 열차를 타고 해안선에 닿을 때
마치 나는 투명인간처럼 사구에 서서
맹목과 불안 속에 파도소리 귀 기울인다

삶의 깊은 풍정이 날갯짓한다

삶의 깊은 풍정이 날갯짓한다
부두에 몸을 비비듯 기슭에 묶여있는 배
영혼의 나무들이 등을 돌리고 서 있다
언 땅에 새발자국들이 찍혀 있다

색채들이 타오르는 만물의 세상 너머
날마다 무언의 언어가 하늘에서 시들어 가고
하늘과 땅 사이에 서 있는 나는
종소리가 울리는 바닷가를 홀로 걷고 있다

홀로웁다

홀로웁다
모든 것은 지금이다
바로 이제
시방이다

잊지 않고 기억하기 위해
늦은 오월 이때
사과나무 흰 꽃이 피어있는 마을
지금 오늘이다

사랑할 때만 불타올라라

사랑할 때만 불타올라라
개똥벌레가 밤하늘을 점화하듯 반짝이듯
숲 속에서 눈여겨보는
우주의 젖을 빨고 있는 감람나무

육신은 움츠려들고 망가진 채
영혼을 향한 밤하늘의 울부짖음
잊혀지고 삶이 계속되는 동안
움켜잡은 흙 한 줌의 눈물이여

바늘구멍으로 세상을 보라

바늘구멍으로 세상을 보라
초록 풀잎들이 땅을 뒤덮었다
벚나무들이 봄의 옆구리에 서 있다
구름 모자들이 소풍을 간다

작은 램프를 켜놓은 도시
해가 낮게 걸려있고 달이 꽉 찼다
수목들이 속삭이고 종소리 울려 퍼진다
하늘의 성좌들이 편지를 쓴다

여름 협곡이 깊은 곳

여름 협곡이 깊은 곳
가문비나무가 산그늘의 시간을 잰다
새 한 마리 외침에
구름 마차가 산마루 위에서 서서히 굴러간다

숲 속의 개미 한 마리
바위틈에서 소리 없이 움직이다가
꽃을 들여다보듯이 들여다본다
지구도 나도 들여다본다

던진 돌멩이 하나

던진 돌멩이 하나
영겁 속으로 떨어지는 소리
골짜기엔 꽃울음소리
강가엔 강울음소리

내면의 밑바닥으로 흘러가는
형체 없는 기억들의 푸른 빗소리
땅 위에 떨어져 초목이 되어 키를 재는데
이 세상은 아직도 잠들이 있구나

얼마간의 온기가 느껴지는

얼마간의 온기가 느껴지는
검은 도시의 일과가 일찍 끝났다
흰 건반 위에 흔쾌히 울리는 음악소리
세상 존재 의식이 생생하다

열망의 빛이 흘러나오고
반쯤 열린 창문은 무한한 우주로 통한다
오리나무숲 사이로 번쩍이는 호수
날던 물수리 비행을 멈추었다

침묵을 지키고 있는 나무와 나무들

침묵을 지키고 있는 나무와 나무들
마을 바깥으로 숲 속으로 멀리 길을 뻗었다
어떤 나무들은 깊은 잠 속에서도 평화를 꿈꾸고
어떤 나무들은 건널목 차단기 앞에서 헤드라이트 불빛이다

어둠의 벽 너머로 알 수 없는
겨울나무들이 휘갈겨 쓴 기호가 별이 되어
잎사귀 하나하나로부터 또렷하게
울부짖는 폭풍의 징을 건너 나에게로 달려온다

업아 업아

업(業)아

업(業)아

네 집에 불났다

어서 일어나 혼불을 꺼라

이 육신은

욕망의 가죽포대

피고름 울음주머니

가는 길에 걸림이 없어야 극락가다

경계 너머

단풍나무 강가에
여수의 하늘이 비쳤느냐
꺼질 듯 들려오는 해거름 종소리
예스러운 흰 구름 떠가다

가을 목 여울소리
고목나무 까마귀 울음
허공에 가득 찬 교교한 달빛
경계 너머 내가 사라지다

참 경계

참 경계는 마음의 눈에 있다
눈 닫고 귀 닫고 말 닫고 살자
손짓발짓몸짓 핏대까지 세워가며
벙어리산천에 묻혀 세상과 수화를 하랴

단정히 앉아 마음을 관조할 때
한 조각 붉은 생애는 대문 밖의 저승길
본래 한 기운 모든 형상은 텅 비어있거니
봄비 뿌린 시냇물 온종일 소란하다

지는 꽃향기

지는 꽃향기 산천에 가득하고
우는 까마귀소리 천지 가슴 에이다
눈길 끝나는 곳
귀 울음 하늘에 닿았다

푸른 산 절반은 붉음이요
붉은 산 절반은 푸름이렸다
피리 불며 흰 소 탄 사람
삿갓 쓰고 하늘을 가렸나

설월(雪月)

잠을 벗어 던지듯
껍데기 벗고 근본으로 돌아간다면
확연히 아무것도 없는 공활한 그 자리
저 텅 빈 진여의 그 자리

향 피우는 등불 너머
설월 삼경에 소리꽃이 피었다
맑은 풍경소리 바람결에 잠기고
산문 밖 큰 하늘에 별빛 돈다

솔 그늘에 홀로 앉아

가을빛 비단수 같은 단풍잎
옥가루 흩뿌려놓은 듯 돌에 부딪치는 물소리
꽃을 물고 날아드는 무심경 목탁새
산속에는 한가함 속에 흰 구름 변화가 크다

산골짜기 꽃 한 송이 한 조각 성운은
이 땅 위에 내린 빛나는 만금의 가르침
줄줄이 구슬눈물 종소리 떠도는 인생
누가 솔 그늘에 홀로 앉아 졸고 있을까

묻노니 어디 있는가

묻노니 어디 있는가
없는 곳에도 있다
피 같은 잡초에도 있다
똥오줌에도 있다

묻노니 어디 있는가
있는 곳에도 없다
지극히 위대한 곳에도 없다
달을 가리키는 손가락에도 없다

건너지 못하는

건너지 못하는
푸른 강은 없다
감히
나는 건너 간다

천 편의
시를
침묵에서 소란까지
헛되지 않기를

시인은 운율의 진통을

시인은 운율의 진통을
마침표를 멈추게 할 수 없어
은유의 바람을 따라 가고
백발은 세월을 따라 간다

풍경이 있는 창작의 벌판에서
여명의 종소리를 들으랴 북을 치랴
금요일에는 사자의 시야에서 멀어져야지
강 한줄기 거슬러 송어 떼 승천을 한다

나의 눈은 변두리에 있다

나의 눈은 변두리에 있다
나의 귀는 변두리에 있다
나의 코는 변두리에 있다
나의 입은 변두리에 있다

모든 빛깔도 소리도 향기도 맛도 변두리에 있다
변두리에는 아름다움이 가득 차 있다
변두리에는 하늘이 열리고 있다
변두리에는 나의 의식이 있다

어디에도 가는 길이 없다

어디에도 가는 길이 없다
갈 수 있는 길은 마음속에 있다
글이 돌 위에 새긴 글을 읽어주듯이
죽음은 눈을 잘못 읽지 않는다

눈뜬 맹인이 손가락으로 더듬어보는
생년월일 사망 년도를 발견했다
흰나비가 넋을 잃고 하늘하늘 하늘로 날아가듯이
이름은 하늘나라에 언제부터 가 있었다

그늘 속이 그지없이 밝다

그늘 속이 그지없이 밝다
보리밭이랑 너머 담황색 광경이다
멀리 파도치는 숲들이 신록의 잔치다
흰 감자 자주감자 캐는 손이 한참 붐비다

저 고운 풍경이 한계 짓기까지
원두막 지붕이 작은 아치형이다
가로수 신작로가 굽이 나 있는 고향이다
밭이랑 너머 종날새 울음소리 점으로 떠 운다

삶을 시작하기도 전에

삶을 시작하기도 전에
삶은 끝났다
끝나자
다시 시작되었다

이별을 시작하기도 전에
이별이 끝났다
끝나자
다시 시작되었다

산그림자가 술렁이는

산그림자가 술렁이는
돌멩이 가득한 돌밭머리
깊은 물 강심에
조약돌 하나

일어나라 조약돌
강심 속에 투명해진 햇살
흘러가는 여울물소리에
심연의 바다가 열렸디

심장에서 북을 친다

심장에서 북을 친다
벽시계가 벽 쪽에서 목소리를
훔쳐본다 밤의 이름으로 선물을 나눠준다
검은 상장의 옷을 입혀준다

모든 문은
가슴 속 내면에서 열린다
나는 안다 형상은 밖에서 꽃을 피운다
나는 바람으로 떠났다

마음의 짐이 무거워서

마음의 짐이 무거워서
내 안의 그 짐이 무거워서
들고 있던 우주를 떨어뜨렸다
나의 전부를

그림자 속에는 그림자가 없다
그림자 속으로 나 자신을 돌팔매처럼 던졌다
너무나도 세상이 갑갑해서
나는 그 속에서 나왔다

벽 속에 한 말씀이 있다

벽 속에 한 말씀이 있다
뜻은 푸른 산에 가면 있다
빛은 한줌 흙 속에 있다
마음은 경계가 없다

하늘에 가면 해변이 있다
최초의 침묵이다 우레 소리다
밤이면 나뭇가지가 바람을 희롱한다
쏟아지는 것은 하늘의 은총별이다

이끼 낀 골짜기

이끼 낀 골짜기
비가 세차게 내렸다
천둥이 쳐서 요란했다
번득이는 번갯불이 타올랐다

피로 물든 땅 위에서
다른 소리는 들리지 않았다
바람소리와 폭포소리가 포효했다
살이 찢긴 대지의 흰 뼈가 드러났다

만발한 들꽃들을 어찌 찬탄하지 않으랴

만발한 들꽃들을 어찌 찬탄하지 않으랴
홍조 띤 뺨이 번진 고요한 산색 산경풍수들
숲 속 우아한 청노루 발걸음으로
가냘픈 몸짓으로 산기슭에 핀 이름모를 꽃이여

해밝은 하늘 희망에 찬 눈빛으로
벌떡 일어나 목숨을 던지는 붉은 기개처럼
관대한 협곡 우람한 참나무 군락지 밑에
환한 웅달의 안식처 영토가 빛난다

산들바람도 고요한 대지도

산들바람도 고요한 대지도
제 천성 따라 음악이 되는 이 충만한 세상
소리 속에 빛이 빛나고 빛 속에 소리 같은 숨결이
즐거워라 들녘 노을타고 휘파람 분다

저 언덕 중간쯤 허리 굽은 비탈길에도
활기찬 자연의 진지한 형체가 더없이 신성하다
죄 많은 마음 졸졸대는 맑은 돌샘에서
눈부신 햇살 속에 세안을 한다

불멸의 운명은 필멸이다

불멸의 운명은 필멸이다
육체의 삶을 찢고 온전히 자유로울 때
흙으로 돌아가는 만물의 형체들
무형의 정령이여 눈부셔라

땅과 하늘 강과 바다
내 영혼의 일부인 순수한 열정이여
가슴 깊이 경멸하는 격정과 증오 세속의 감정들
산 위에 올라 땅 한 번 굽어보고 하늘 한 번 우러러 보는

햇살은 누리의 대지를 품고

햇살은 누리의 대지를 품고
달빛은 은빛물결 바다를 애무 한다
성스러운 우주의 법칙에 따라
세상에는 외톨이가 없다

대지의 어머니 정령이여
내 가슴 눈꺼풀 숲 속에 가냘프게 핀
이름모를 작은 풀꽃 하나에도 구르는 돌멩이에게도
진심어린 눈빛으로 눈길을 보낸다

감응(感應)

모든 소리는
무상하다
모든 말은
다 허망하다

그렇다
말하지 않은 것을
모두 다 말해도
정토(淨土)는 말할 수 없다

막이 내리고

막이 내리고
연극은 끝났다
갈채 소리는 들리지 않았다
불빛도 사라졌다

마지막 등불은
신음 소리를 내고 있었다
저 가엾은 등불
나의 인생이었다

나는 뒤로 걷는다

나는 뒤로 걷는다
사람들이 원하고 원하지 않아도
시작은 발바닥이 먼저 했다
물구나무를 서서도 걸었다

귀때기가 노래를 한다
눈구멍이 말을 한다
그래도 세상이 너무나도 멀다
나는 그 하루가 두렵다

제3부

어느 길모퉁이에서

어느 길모퉁이에서
노래하며 멀어지는 나를 보았다
아코디언 곡조도 없이
춤추는 태양의 그림자를 나는 짓밟았다

오늘은 안개 낀 수평선 그 너머에서
그쯤해서 돛배 범선이 밀려올 것만 같다
영락의 푸른 하늘이 화관을 쓰고
절뚝이며 걸어오는 낮달의 거리를 나는 짓밟았다

토굴 속에 사는 곰처럼

토굴 속에 사는 곰처럼
창살을 비집고 들어오는 햇살은
얼마나 권태로운가 짧은 생애의 아침
내 창백한 얼굴이 고통스럽다

사랑하기에 가련한 내 심장
절망하기에 빛나는 이 시간
바람이 불면 삐걱대는 창문
나는 사슬에 묶인 짐승이다

꽃들이 소리를 지른다

꽃들이 소리를 지른다
말 할 수 없는 헐떡거림과
알지 못하는 갈망의 이유들
젖은 목소리에 피가 섞여있다

누가 한꺼번에 대답하라
소금에 절인 도시의 휘파람소리
검은 빛과 흰 빛을 차등하지 못하는
불멸의 구더기들이 아픈 눈을 파먹고 있다

참자 참자 참자

— 삼인의 노래

참자 참자 참자
그리고 용서하자
마음아 내 마음아
배신과 배은망덕을

조롱도 반항도 자존심도
숨겨진 눈물 속에 흐르는 가슴
남모르는 상처가 있어
둥둥둥 큰 북을 두드려라

내 그림자와 둘이서

내 그림자와 둘이서
되돌아오는 발걸음 소리
거리는 텅 비어
달빛 손님만 구름 사이로 지나가는

내 집에 돌아와서도
나의 창문을 응시해보아도
가슴이 너무 아파
차마 돌기둥이라도 되었으면

나 그 산에 오르고 싶다

나 그 산에 오르고 싶다
자유로운 바람이 불고
내 마음 탁 트인 우뚝한 곳
붉은 심장이 나를 움직이게 한다

정려한 구름이 떠가고
물소리 찰찰 새소리 지저귀는
내 죽어 생전의 고통을 쉬게 할 곳
멀리 황금빛 들판이 굽어보이는

바람의 은유는 백발이다

바람의 은유는 백발이다
세월의 계단을 총총히 올라서면
물음표도 없이 느낌표도 없이
달빛의 마침표를 언제쯤 찍을 수 있을까

허랑한 벌판을 뒤로 하고
나의 바다의 여인이 늙어가고 있는 수평선 너머
노스탤지어의 붉은 나침판 위에
괭이갈매기 울음 운다

도솔로 가는 길

도솔로 가는 길
멀고도 가까운 마음의 길이려니
목화솜 부풀어 하얀 목화밭길도 아니다
이끼 낀 망부석 탑 길도 아니다

광기와 야만의 숲을 지나서
따질 수 없는 세월을 지나서
전생의 밥그릇까지 다 비워놓은 자리
지금 이 자리보다 더 낮은 곳이려니

텅 빈 그 무엇이

텅 빈 그 무엇이 가슴 가득 차 흐르다
바람이 조용해도 휘영청 달빛이 허명해도
움직임을 감추지 않는 천지만물의 기운
풀울음소리 꽃울음소리 물소리 잔잔하다

법문 같은 녹음 청산 같은 산울림
홍취 자취 붉은 티끌세상 너머 묻혀 살면서도
마당귀에 구르는 유적 같은 처연한 낙엽
검불 모닥불 햇볕 향불 모두 사르다

광인의 노래

세상에 모든 자음도 모음도
다 눈 뜬 거짓말 어둠 속에 숨긴 허튼소리 허튼수작
나에게도 이젠
광인의 노래를 들려다오

다시없는 광풍처럼 미쳤기로서니
어찌 천지가 다 미치고 미친 풍진세상뿐이랴
나에게도 이젠
부르게 해다오 광인의 노래를

광인

천지만물은
꽃바람에 실려 가고
울며불며 천지의 목마를 타고
흰 구름에 실려 가는

아 소리도 구멍도 없는
천공의 피리소리를 따라가는
나는 광인이로소이다
나는 광인이로소이다

흰 터럭 산발머리

— 자화상을 그리며

흰 터럭 산발머리
지금 나는 누구이기에
칡 베옷 입은 옛적 사람인가
어제의 내가 오늘의 참 나인가

마음이야 꾸밈없이 살련만
홍진 속 가난 속에 속아 살았던가
무너진 흙담집 담쟁이덩굴 너머
저녁구름 하늘가에 서 있는

열반문 열리다

꽃피자 술 익는다는 말
꽃 속에 꽃 피었다는 심중의 말
창밖에 소리 없이 꽃 졌다는 슬픈 말
허영청 봉우리에 돋은 달 쓸쓸하다

하늘밭 일궈놓은 영마루 인생길
잔설배기 눈 녹이고 봄 찾은 세상녘
꽃바람 꽃소식 전해오는 산간의 목탁소리
환한 세벽빛 산사의 열반문 열리다

산사길

붉은 동자꽃 곱게 핀 산사길
목서지팡이 짚고 가는 산그림자 나그네
길가다 너럭바위 산 주인 찾아 묻노니
노송가지에 울어울어 반기는 솔새소리

둘러봐도 인적 끊긴 적막강산
온종일 부는 솔바람 해 지운 하루
높고 낮은 영마루에 흰 구름 두어 송이
속리 속리를 떠나온 산울림만 들리다

송죽선생

솔새는 울어울어
푸른 꿈을 쪼아대고
송림에 스치는 솔바람소리
송로(松露)에 씻긴 둥근 달 솟다

백운도 쉬었다가는 푸른 암자
그중에서 차 끓이는 맑은 청한(淸閑)한 향기
노승이 반석에 앉아 가리키는 손가락
내 안의 송죽선생 문안이요

저 경계

눈 닫고 귀 닫고 살랴
소나무 바람 시냇물 소리
마음 속 어디를 둘러보아도
세상살이 얘기할 사람 하나 없다

마음대로 멋대로 즐기는 흥취
구름 낀 산 운봉은 보이지 않지만
비 지나간 산빛 더욱 짙어 다가서는 곳
어느 화공에게 일러 저 경계 그려내라 하랴

흰 돌

흰 돌은 흰 돌
이끼가 끼지 않는다
백련 한 송이 꺾어들고
달빛 미소 짓다

물 속에 잠긴
둥근 달을 건져내니
구름 걷힌 저 들길
훤히 밝나

흰 차돌멩이

순간 부싯돌을 부딪쳤다
칠흑 밤별보다 무수한 자갈밭에서
보석보다 더 반짝이는 작고 흰 차돌멩이
선 채로 그렇게 햇불을 당겼다

잠꼬대 같은 선잠이 아니다
발광하는 언어의 어둠처럼 쇠사슬처럼
저 투명한 시간 속의 함성소리
돌에도 뜨거운 피가 흐르고 있었다

시간의 짐을 벗어놓은 자리

시간의 짐을 벗어놓은 자리
수심 깊은 연못에 돌을 가만히 던진다
한결같이 번져가는 동그라미 물방울 튕기는 하늘
소용돌이 부서지는 물거울 파문

시간 너머 부드럽게 떠가는 흰 구름은
검은 태양의 들것에 실려 간다
이 세상에 남겨진 짐은 물방울 튕긴 연못그림자
장미꽃다발을 아름 엮어 너의 목에 걸어주랴

눈 먼 창문을 열면

눈 먼 창문을 열면
내 심장의 나무는 아직 열매를
맺지 않은 순결한 숲 속의 풍정이 되어
푸름의 고요 속에 미역 감다

최후의 날이 깃발처럼
내 마음을 움직이는 것일까
바람이 움직이는 것일까 새가 되어
환희의 날개를 퍼득인다

나는 발가벗었다

나는 발가벗었다
돌샘 물에 몸을 씻어냈다
돌샘 물소리에 마음의 고통을 고백했다
수정같이 맑은 달빛이 내 영혼을 밝게 비추었다

한 줄기 바람이 불어와
한 떨기 야생화 박하향이 전해왔다
먼 곳에서 심장 뛰는 소리에 귀 기울이는 나의 여인이여
영롱한 달빛 푸른 잔디 위에 갈증의 열망이 포옹해오는 밤이여

빛과 소리

빛이여
빛이여
빛 없는 빛 속에
난 귀 멀다

소리여
소리여
소리 없는 소리 속에
나는 눈 멀다

나는 영혼의 절벽 위에 서 있다

나는 영혼의 절벽 위에 서 있다
내 나이 일곱 살의 쌍무지개를 타고
하늘을 건너가는 구름다리 위에서
해와 달의 천둥소리를 듣는다

인생의 간이 정거장에서
비를 무릅쓰고 삼림 속의 신호등을 켜고
밤의 열차에 몸을 실었다
우주의 중심으로 달려가기 위하여

막이 내려지고 박수를 친다

막이 내려지고 박수를 친다
어두운 곳에서 몸을 던진 사람들
일평생 반평생 바람에 꺾인 시간들
백학의 울음소리가 너무 깊다

시대의 등불을 받쳐 들고
아직도 운명과 싸우고 있는 사람들
바람 부는 반대편 쪽에 서서
샘물이 흐르는 광선의 빛을 뿌리는

막바지에서

막바지에서
상흔을 남긴 저녁 무렵
틀림없다
시동이 우주를 움직였다

시간을 맞춘 시계 속에
둥근 달이 떠올랐다
하루 또 하루
완벽한 범행 시간이다

뿌리의 뿌리를 찾는다

뿌리의 뿌리를 찾는다
가장 서정적인 글자 하나가 그리워
변하고 있는 세상
황금시간

남모르는 눈물이 있어
탄생의 비밀 속에
폐허 위에
인류의 언약에 가입하고 싶다

참나무 한 그루

참나무 한 그루 우람하다
초록이 푸르도록 날고 싶어 한다
묵묵히 서 있는 대지의 나침판 위에
하늘빛 우러러 누가 저녁별을 헤일까

계절의 종점에서 종을 울린다
가을바람도둑이 서늘한 달그림자를 밟고
우수수 산울림이 운다 고갯길을 넘는 구름나그네
허리 굽은 지팡이와 동행을 한다

나를 기다리는 세상

맑은 새암물 흘러 시냇물
시냇물 굽이 흘러 푸른 강물
저 강물 흘러 해인에 닿을 때까지
죽어가서도 바보산수 흘러가야 하리

가서 서동의 피리소리 해조음
달뜨고 달지는 만조시간 금빛 출렁거림
가서 함께 웃어 반기며 춤추고 노래하는
아 나를 기다리는 세상이 아니랴

진망(眞妄)

산은 청청하고
물소리 또한 연연하다
가락 없는 저 무현금소리
꽃소식 봄소식 듣고 싶은가

강산은 더 아름답고
꽃과 풀은 새삼 빛나느니
고요한 마음속의 푸른 눈동자
진과 망은 다름없어 둘 아닌 하나더라

나의 옷을 적시다

강바람 백사장 돛배 한 척
물 속에 잠긴 하얀 조약돌 하나
푸른 산기슭 단풍잎 가랑비
나의 옷을 적시다 나그네

궂은 일 좋은 일 훌훌 떠나
이 경계 없는 경계 누구와 다투랴
샘물 흐르다 멈춘 못가에 이르면
무슨 생각에 잠길까 흰 구름

진망의 노래

이 강산은 아름답고
꽃과 풀은 다 빛나는데
저 몸뚱이와 고함소리 어디에 쓸꼬
만물은 본래 원융 무애한 것을

진실은 형체가 없고
허망은 자취가 없느니
진(眞)과 망(妄)은 한 몸뚱이
크게 나를 버려야 내가 산다

태고에 부는 바람

태고에 부는 맑은 바람
산천에는 사립문이 없어도
수풀은 잎마다 푸르고 꽃잎 피우고
성정의 둥근 달이 밝다

사람 목숨은 물거품
한 바퀴 서산에 붉은 해 지면
산천초목은 해마다 하하하
산들바람 ㅎㅎㅎ 불다

미륵불

돌 속에는
돌 속에는 피가 흐른다
돌 속에는 돌 속에는
오랜 기다림이 있다

돌 속에는
돌 속에는 불이 있다
돌 속에는 돌 속에는
너의 기원이 새겨져 있다

밤고양이가 울음 울듯이

밤고양이가 울음 울듯이
귀뚜라미가 달빛 속에서 울음 울듯이
살아 있는 것은 다 아프다
아파하다가 그만 황천간다

붉은 모란꽃을 좋아했는데
지등 걸린 처마 끝에는 별똥별들이
소리 없는 슬픈 언어로 가슴속에 반짝이는데
꿈속에서 나는 나를 장사지냈다

큰 허공 1

가을 산
서리 내리면
어디에도
붉을 홍

소리도
냄새도
형상도 마음도 없는
큰 허공

큰 허공 2

꽃다운 꽃 실다운 꽃
하늘에는 별 땅 위에는 꽃
붉은 꽃 푸른 꽃 마음의 꽃
은물결 금물결 여울물소리

은하의 별빛 돋는 소리
무르익은 강천의 풍화작용소리
천지 큰 허공을 바라보며
휜 망초 언덕에 지팡이 곧다

늘 깨어있는 침묵 속에서

늘 깨어있는 침묵 속에서
가장 진지한 생애의 언어는
영혼 깊숙한 마음 곳에서
말하지 않아도 들리는 말씀

일순보다 짧은 백 년의 인생
이 마음에서 이 마음으로 전하는
소리 없이 꽉 찬 영원의 소리
노래에 귀 기울이는 둥근 세상

나는 묘혈을 찾아 길을 나선다

나는 묘혈을 찾아 길을 나선다
안개 사이로 푸르게 비치는 강변로 가까이
자갈길 너머 은모래금모래 굽이치는 여울물소리
삶에서 그 무엇이 애석하지 않았으랴

저 장엄한 하늘이 경이로운 땅
뭘 기다리고 왜 가슴 아파 괴로워했을까
세월이 잠든 밤 고요히 부풀어 오르는 푸른 꿈
바람소리 귀 울음 어루만지며 달빛 사냥을 한다

금지된 삶을 숨쉬며

금지된 삶을 숨쉬며
사랑스러운 이름들을 호명할 때
영원히 돌아오지 않는
영혼의 노래여

이젠 가난한 광선이
무섭지 않다
인간의 피 냄새를 맡은 십자가가
나는 더 무섭다

생각하라 지나간 세상

생각하라 지나간 세상
미치광이 몸에서는 금빛 광명
대지가 진동하고 미묘한 소리
시방세계에 충만했으랴

주야공산에 비추인 둥근 달은
마음의 큰 환희 깨우쳐주었느니
어진이여 어서 일어나라
목서지팡이 길을 떠나려 한다

잃지 않는 것은 아무것도

잃지 않는 것은 아무것도
없다 초옥 처마 끝에 낙숫물이 떨어지다
뼛속까지 헤엄쳐 다니는 어떤
은혜의 핏방울이 흘렀든가

내가 돌아왔다
바람의 목소리는 만질 수 없어도
뼈를 깎고 골수를 얻었느니 일백 번
죽고 죽어서 내가 돌아왔다

태어나지도 마라

태어나지도 마라
죽지도 마라
다시 태어나기도 힘들고
죽기도 힘들다

아무것도
아무것도
아무것도
더 이상 말할 수 없다

제4부

어둠을 넘어서 먼동이 트고 있다

어둠을 넘어서 먼동이 트고 있다
내 무덤 위에도 먼동이 틀 것이다
비둘기 통곡 속에서도 폭풍 속에서도
살아있는 박동소리는 짐승이 된다

빛의 어둠은 축광의 징조다
온 누리의 어둠이 여인의 옷을 벗길 때
여명의 존재는 머리칼을 헹군다
나의 열정을 불태운다

내 인생의 옆구리에서

내 인생의 옆구리에서 목마름 때문에
목숨을 건 내기를 하고 있습니다
가을의 제문을 쓰고 있습니다
어머니 난 밤을 마십니다

불씨를 살리는 새벽하늘에
비나이다 비나이다 두 손을 모으는
장독대 위에 정화수 한 그릇
어머니 날 벌해 주소서

사랑하고 사랑했지

사랑하고 사랑했지
몸의 향기로
두 눈을 담아 손길을 내주었지
소쿠리에 가득 채웠지

연극마당 한마당
시작하면서 막은 끝났지
인생은 다시 한 번이 없었다
세상만 남았다

나는 스스로를 알고 있다

나는 스스로를 알고 있다
내 자유의 땅은 보다 축축하다
모두가 부스러기 모두가 껍데기이다
군더더기 황톳빛이다

쟁깃날이 부러지고
삼지창이 꽂힌 썩은 두엄 밭
필생의 경작지
나는 수염을 키우는 늙은이가 다 되었다

운명의 자유를 선택받을 수 있다면

운명의 자유를 선택받을 수 있다면
푸른 심장과 간을 쪼아 먹는 검은 독수리눈으로 비행하리라
이 땅을 숭배하기 이전에 존재의 핵심으로부터
이글거리는 피 묻은 민중의 함성소리를 들으리라

시간의 음속이 흘러넘치는 벌판
번개 천둥소리 두려워하지 않는 둥근 하늘 아래
불타오르는 은어들이 헤엄쳐 사는 은신처
눈 감고 숲 속의 꾀꼬리소리 들어라

환희의 외침 속에서

환희의 외침 속에서
나는 둥지를 찾지 않는다
그것은 생명이다
바람에게 긴 편지를 쓴다

추억의 강물 위에
별똥별들에게 새겨진 고운 이름들
그것은 노래이다
마음의 선율로 기쁘게 부르리라

늦은 저녁

늦은 저녁
까마귀 한 마리
구중만리 허공에서 까옥까옥
비 맞고 날아가네

저 하늘
존재의 집
깊고 깊은 어둠 속에서
정처 없이 떠나가네

삶이여 삶이여 삶이여

삶이여 삶이여 삶이여
화택 속에 불타고 있는 세상
이 덧없는 소유와 명예를 되돌려주려니
어둠이 우주로 통하듯 나의 길을 떠나게 해다오

볼 수도 없고 만질 수도 없는
나는 왜 내 앞에 서면 내가 되지 못하는가
나에 나의 진짜 주인은 나인데
헐떡이며 사는 나의 나는 누구인가

눈물 없이 울랴

눈물 없이 울랴
슬픔 없이 눈물 흘리랴
왕왕 울고 싶은 때가 있어
풀잎에 맺힌 이슬이 되어 구르다

나는 시를 눈물로 쓴다
슬픔으로 쓴 시를 아침에 다시 읽는다
저절로 고이는 눈물의 슬픈 목소리
바람의 손수건으로 닦아준나

하늘에는 푸른 안식처가 있다

하늘에는 푸른 안식처가 있다
죽음의 완성은 순수한 영혼에 있다
발효된 시간이 공허해질 때
저 속삭임들의 소멸을 보라

분노의 아침은 풀잎을 깨우고
발기하는 꽃봉오리는 심장보다 붉다
누구도 우주의 섭리를 거역할 수 없다
나는 나의 빈 잔에 참회를 한다

꼭 세상을 씻어줄 것만 같다

꼭 세상을 씻어줄 것만 같다
때 아닌 봄비라도 주룩주룩 내려라
금일참회에 흐르는 눈물같이
떠도는 내 마음 꽃을 피우다

먼 곳을 바라보는 너의 모습은
참 아름다워 너의 눈빛은 더 아름다워
피를 태우는 등불 피의 그림자는
너의 영혼은 더더욱 아름다워

하늘문을 두드리다

하늘문을 두드리다
일어나라 세상아
동천 하늘에 별이 떴다
두려움에 떨고 있다

짓밟고 간 바람의 발자국
야생 나목들이 꿋꿋하게 서 있다
이 한밤중에 이 한밤중에
난 한 마리의 짐승이다

혼자서

혼자서
한가로이
멍청이 앉아서
큰 떡갈나무 숲 속엔 딱따구리 딱따그르르

동박새 지저귀고
산호바다 흑고래 노랫소리 듣고파라
칠색소나기 천둥 번개 폭풍우
은하이 수평선이 그립다

분노의 뒤에는 슬픔이

분노의 뒤에는 슬픔이
슬픔의 뒤에는 고독이
고독의 뒤에는 비가 내리고
비가 내린 후에 나는 사라졌다

진실의 목덜미에 감기는 매혹
매혹의 감미로움 속에 자유의 깃발을 꽂았다
깃발을 꽂고 나는 괴로워했다
너의 이름을 부르기까지

침묵의 눈꺼풀을 감고

침묵의 눈꺼풀을 감고
홀로 서 있는 늙은 정자나무
을씨년스런 흉한 제 그림자를 밟고
실가지를 늘어뜨리고 있다

눈물은 오래전에
돌베개 푸른 하늘을 살포시 베고
까닭 없는 슬픔에 겨워
모두 말라 버렸다

사랑은 죽지 않는다

사랑은 죽지 않는다
점점 시력을 잃어가는
아름다운 꽃봉오리 아카시아
모천에서 길러온 향기
왜 눈물을 쏟고 있느냐

고개 들어 주위를 둘러봐도
속살대는 바람결에도
꽃잎을 떨구는 아카시아
너의 맑은 얼굴을 보면
순백도 부끄럽다

가던 길 오던 길도

가던 길 오던 길도
비뚤어지고 또 비뚤어진 길
이 세상에는 비뚤어진 길뿐인가
똑바른 길 하나 없다

물속의 조약돌도 굽어보이고
시냇물도 허리 굽어 청산자락을 휘돌아 흐르고
말의 편자도 발바닥 굽어져 치달리느니
아뿔싸 비뚤어진 길이 똑바른 것일까

날개 찢긴 투명한 하늘과

날개 찢긴 투명한 하늘과
고달픈 하루는 그림자 속으로 돌아가고
밤의 노래가 불사의 꽃처럼 유혹하는 고독한 밤
말갈기의 발굽소리 광야에서 목을 놓는다

마치 삼도천의 물안개 피어오르듯
건너가야 할 운명 속에 백의의 옷자락 속에
백골 육신은 흩어지고 영혼의 환궁 속에
내 안의 둥근 달집에 큰불이 났다

요람의 침대에서 아이는 잠깨어나고

요람의 침대에서 아이는 잠깨어나고
칠흑 어둠은 검은 들것에 실려서
어느 시인의 죽음처럼 묘지로 떠밀려간다
소용돌이 격정 속에 호박꽃은 피었다

논밭전지를 쟁기로 갈아엎듯
흙 한 줌의 이름으로 짐 벗어놓고
조국이여 한결같은 산하의 모습이여
산은 옛 산이로되 물은 옛 물이 아니다

어두움은 우주로 통하고

어두움은 우주로 통하고
초록별 하나가 창공에서 빛나고 있다
지상의 꼭대기 내 머리 위에서
별빛의 형제들이 죽어가고 있다

아름다운 초록별이여 형제여
투명한 봄빛 향기가 강 건너 오고
수탉이 울어대며 먼동이 창문을 두드리면
국기봉엔 자유의 깃발이 펄럭이리라

귀뚜라미가 귓뜰뒷뜰 노래한다

귀뚜라미가 귓뜰뒷뜰 노래한다
땅 위엔 가을의 열병식이 시작되었다
붉은 비단이 서쪽 하늘에 펼쳐지고
따스한 세상의 눈빛만 남았다

무엇으로도 비유할 수 없는
백 년의 태양이 내일이면 다시 떠오르고
자유를 찬미하는 동안 지구는 우주 끝에서 표류하리니
이 어두운 세월 누구도 잠들지 못하리라

무덤 없이 꽃이 피고

무덤 없이 꽃이 피고
죽음 없이 요람에서 뛰어내려라
말없는 유골이 나의 육신을 괴롭힐 때
나는 죽음의 공기를 마신다

살아있는 목소리 자유에 대하여
눈 먼 천국을 노래했다 노동의 피를 흘리며
12월의 장엄한 하늘을
뒤엉킨 분노의 아침을 깨웠다

쥐불을 태우는 들녘 너머

쥐불을 태우는 들녘 너머
하늘 저편에 까마귀 떼울음 울고
운명의 거적을 덮은 야윈 나의 농군은
누구의 아들인가 조국의 머슴꾼인가

초록 봄은 솜털 옷을 갈아입고
동쪽 강둑을 따라 개똥벌레 날아들고
잠자리 쇠똥구리 반짝이는 강변
에메랄드빛 죽음의 공기를 마신다

촛물이 흘러내리는 촛불 아래서

촛물이 흘러내리는 촛불 아래서
소망하는 희망과 삶 속에서
생의 가사상태에서 백 년 후에 깨어난다면
대자연의 아름다운 모습을 기억할 거다

진한 슬픔이 달구어진 고통 속에서
유자 껍질을 벗겨낸 노란 향기 속에서
모두 사랑으로 움직이는 영혼의 침묵 속에서
비상하는 하늘 비둘기의 꿈을 꾸리라

촛불을 끄고 자유를 생각하니

촛불을 끄고 자유를 생각하니
진실로 촛물같이 눈물이 흐른다
왕관을 받치고 사랑에 빠지는 것도 아닌데
나에게도 자유에 복종하는 죽음을 다오

시간의 투명한 흐름 속에 봄은 오고
가을에 떠난 오솔길 따라 낙엽을 밟으며
조용히 시들어가는 자연 속에서
흐느끼는 달빛 세월의 소리를 듣는다

숲 속에는 소리의 음률이

숲 속에는 소리의 음률이
내 가슴 속에는 슬픔의 모음이
운율처럼 시간의 윤리처럼 흘러가고
강변의 황소들이 금빛 게으름을 운다

머리를 들어 올린 하늘 아래
악보 없이 노래하는 물가의 갈대들
몸에 밴 영혼의 긴장감 리듬 속에
나는 시를 쓰고 자유는 피를 흘린다

독수리눈으로 본 영원한 자유

독수리눈으로 본 영원한 자유
자유로이 살아가는 운명의 선택
선택받은 죽음의 날개
날개 위에 햇살이 활강을 한다

비둘기는 천둥소리를 두려워하지만
무한한 하늘은 마음을 즐겁게 해준다
둥근 하늘 지붕 아래 넓은 세상
자유의 이름이여 바람은 너를 사랑한다

비밀 지도책을 백 년 뒤에 펼쳐보니

비밀 지도책을 백 년 뒤에 펼쳐보니
눈앞에 변하고 있는 인심과 천심 사이
광활한 대륙은 바다로 내던져있고
굴곡진 해안선이 다가오는 황톳길 언덕

숭배하는 민중의 땅 검은 들판 위에
불타는 벼랑 위에 눈발이 살아서 펄펄 내린다
민초의 슬픔은 예전처럼 낯설지 않지만
지팡이를 남겨준 민중의 함성이 들려온다

울창한 숲 속의 공간이 생각난다

울창한 숲 속의 공간이 생각난다
벌목 정정한 할아버지 오랜 지게작대기
불길한 정적 속에 번득이는 도끼날 위에
지팡이 하나 꽂을 데 없는 영토의 산하

비바람 휘날리는 세월이 지나면
아버지 손자 증손에게 전해줄 노래가 없다
목도리에 감기는 굴곡지게 조각된 반도
신성한 백의의 흰 옷을 꺼내어 볕에 말려라

대지는 성스럽다 농군의 삼지창에는

대지는 성스럽다 농군의 삼지창에는
썩은 두엄이 가득 찍혀있고 영토의 논밭전지를 살찌우다
타는 노을의 눈빛은 검은 태양을 눈멀게 하고
업신여기는 족속들의 심장의 피가 멈추다

성스러운 민중들의 함성소리는 풀꽃이다
천심은 민심을 영합하고 혁명의 아침을 맞는다
농군의 발자국소리마다 홀씨가 움트는 삶의 논밭전지
힘센 황소의 울음이 음매음매 산울림으로 화답한다

물과 하늘이 쌍둥이 형제처럼

물과 하늘이 쌍둥이 형제처럼
흰 구름 모자를 쓰고 짙은 녹음 사이로
키 큰 포플러나무의 어깨가 빛나고
아름다운 자연력을 창조하고 있다

댕기머리 옛이야기처럼 바다가 열려오고
저녁 강물이 횃불처럼 타오를 때
공간의 우월성을 부정하듯
세상을 향해 공을 던진다 직과 동심을 한나

비정한 조국을 향해

비정한 조국을 향해
십자가에 지고 가야할 겸손같이
비난의 언덕 위에 함부로 쏘아올린 화살같이
귀뚜라미 음울한 묘지의 합창같이

안개 자욱한 호수의 물오리같이
한 발의 총성소리 세상의 쓸쓸한 고통같이
하늘빛으로 어두컴컴한 초라한 모습
존재의 벽을 부수고 분노의 찬가를 부른다

생의 대합실에서

생의 대합실에서
수다를 떨다가 발뒤꿈치로 길을 떠나는
마음의 창문을 활짝 열고
벌판으로 해원으로 풍경화를 그린다

명상의 말을 타고 수레를 끌 듯
말 잔등이 벗겨져나갈 듯 지평선의 골짜기
얼마나 많은 시간이 조각구름같이 흘러갔으랴
빈 하늘만 기록되지 않았다

형제도 자매도 자살했다

형제도 자매도 자살했다
관을 짊어진 성녀도 관음도 죽었다
슬픔도 없이 따르는 생기 잃은 발자국들이
심장의 북소리처럼 광야에 종이 울린다

이글거리는 눈빛의 파괴여
천둥소리 울리는 순교자의 하늘이여
금 투구 장식이 필요 없다 영예의 죽음 앞에
달빛 서린 조상님들의 무덤을 쓰다듬는다

탈을 쓴 천사들의 목소리처럼

탈을 쓴 천사들의 목소리처럼
입을 벌리고 있는 부르주아의 땅 공직자들
신성한 아름다움을 지니고 있는 민중 민초들은
어린양의 피를 흘리듯 속박당하고 있다

무색한 대지의 노예노동 고삐에 묶여
비정규직 굴레를 벗어나지 못한 채 채찍질당하는
순교자의 연민을 느끼게 하는 말세의 풍조를 보았다
유일한 꿈과 영혼은 남극의 흑점 태양 같다

더욱더 순수하여져라

더욱더 순수하여져라
은밀하게 흐르고 있는 혈관 속에는
증오와 저주 멍에에 끌려가는
코 뚫린 소가 되어 밭을 갈고 있다

어서 일어나라 깨어나라
더 이상 세상에 이를 말이 무엇이랴
아니다 라는 말같이 큰 용기는 없는 것
부드러운 가슴에 머리를 묻는다

침묵의 뒤안길에서도 들려오는

침묵의 뒤안길에서도 들려오는
영혼의 목소리는
가슴을 여미게 하는 달빛 옷자락
심금의 피리소리이다

투쟁하는 민중들아
삶이 아름다울수록 죽음은 위대하다
고난 속에 흐르는 순수한 핏방울과 눈물자국은
술 한 잔의 땀방울을 위인한다

가슴에 꽂힌 칼과도 같은

가슴에 꽂힌 칼과도 같은
늪 속에 넘어진 한 그루의 나무와도 같은
눈 위에 찍힌 피 묻은 광폭한 발톱자국과도 같은
놀람과 공포 속에 타오르는 분노의 눈빛을 찾아보라

지고한 운명 속에 둥근 달이 뜨면
영혼의 침묵에서 깨어나 가슴에 꽂힌 칼을 뽑고
늪 속에 넘어진 한 그루의 나무를 곧게 다시 세우고
눈 위에 찍힌 붉은 핏자국을 쓸어내리라

살기 위해 밥을 먹기 위해

살기 위해 밥을 먹기 위해
황제의 이름은 필요 없다 나에게는
꺼지지 않는 화덕과 날선 도끼가 필요한 것
한 그릇의 따스운 밥이 그립다

창백한 얼굴에 눈빛이 빛날 때
나날이 속박된 손 위에 염주 알이 돌아갈 때
어둠 속에 안치된 반지하방 백골단지
죽음의 천사 영혼의 하늘에 날개를 편다

모진 세상에는 속죄뿐이다

모진 세상에는 속죄뿐이다
고통스러운 표정도 피투성이 손바닥도
슬픔에 잠긴 향로
조국의 제단 위에 푸른 연기 피어오른다

종소리 울려라 성스러운 부적처럼
천수천안관세음보살의 엷은 미소처럼
섬기고 부르던 자유의 이름은 평화의 아침
눈물의 동산에 메꽃의 함성이 들린다

바다에서 불어오는 해풍이

바다에서 불어오는 해풍이
초록 외투를 입고 그물코에도 걸리지 않고
타는 석양 무렵부터 먼동이 틀 때까지
땅 위에 신비스런 광영을 전해준다

별빛 가득 발견된 해안선의 기쁨과
광채의 심연 속에 영약 같은 희망봉의 항해일지
풍요로운 영혼과 성스러운 고독의 향기가
내 이마 위에 운명처럼 짚어준다

용사의 동상 앞에 서면

용사의 동상 앞에 서면
감동하는 얼굴 늠름한 기상이 서린다
알 수 없는 시선으로 드높은 창공을 우러르면
솔개 한 마리 점으로 떠 선회한다

강기슭 넓적다리에 차오르는 물길처럼
어깨 위에 빛나는 섬광의 잔상이 눈부신 산천
시작도 끝도 없고 좌우도 없는 푸른 경계
우렁찬 호국의 함성이 천상에서 들려올 것만 같다

성좌의 별은 일후를 발견한다

성좌의 별은 일후를 발견한다
검은 북풍이 몰아치고 태양은 서에서 잠든다
이것은 자연의 약속 신의의 어머니
이것은 고통의 아버지 격정의 환희이다

산봉우리마다 슬픔을 지니고 있다
태양의 솔개는 둥근 원을 그리며 지구를 돌고 있다
두 날개에는 어둠 속의 광영이
발톱으로 움켜쥐 푸른 하늘을 비행한다

내 자신 속의 나의 인간을 찾기 위해

내 자신 속의 나의 인간을 찾기 위해
바람에 실려 가는 부서진 돛단배에 몸을 의탁하고
결투를 벌이는 바다의 정신이여
파도를 뚫고 영혼을 지켜라

타오르는 격렬한 믿음으로
떠받치고 있는 경건한 불후의 향연
폭풍우 속에서 암초지대를 지나
숭고한 약속 미래의 아침을 맞으리라

연유도 이유도 시련도

연유도 이유도 시련도
덧없는 세월의 시계 속에서
발톱을 드러낸 인간들의 아우성소리
고뇌의 푸른 날개를 파닥인다

시련도 외침도 한숨도
영원한 고통의 침울한 무덤 속에서
영혼의 빛이 없는 땅
기록한 임종의 시산을 잰다

결코 정신은 높은 곳에 있지 않다

결코 정신은 높은 곳에 있지 않다
청천의 물소리는 낮은 곳으로 흐르듯이
새로운 산을 발견하듯이
큰 강은 계곡의 옹달샘으로부터 발원한다

마음을 억제하는 벽을 부셔라 아침이면
천상의 글문이 열리고 땅 위에 지리가 해밝아오려니
하나같이 이뤄짐이 꼭 이뤄지리니
결코 맑은 정신은 먼 곳에 있지 않다

제5부

마음이 눈먼 사람보다

마음이 눈먼 사람보다
날 때부터 소경으로 태어난 위대한 정신
신앙의 교리도 법치의 칼도
부자유의 자유를 찾지 못하리라

스스로 죄를 범한 강자들보다
허약한 지팡이를 더듬고 잉걸불을 태우는
이 아름답고 영원한 외침소리여
더 높이 영광스런 정신을 사랑하리리

잃어버린 용기를 되찾기 위해

잃어버린 용기를 되찾기 위해
종족을 위해
눈물어린 축재의 술잔을 빼앗길지라도
개구리는 삶의 웅덩이에서 개골개골 울음 운다

논바닥에서 혹은 구렁텅이에서
허허벌판의 따뜻한 털외투도 없이
시대의 어깨 위에 늑대들의 피가 울부짖어도
춘궁을 걸어가는 영혼의 발자국소리에 귀 기울인다

순교를 준비하는 사람처럼

순교를 준비하는 사람처럼
퉁소 속에 마지막 숨을 불어넣는 연주자여
귀 기울이는 청중 아무도 없는데
무릎 꿇은 어깨 위에 음색이 흐른다

괴로운 삶의 그림을 보여주는 듯이
슬픈 소리의 시선은 어느 누구의 발길도
기다려주지 않는데 윤회사상의 꽃을 피우듯이
처연히 사라지는 내 안의 달빛 환상이여

인간의 앞잡이로 사냥감을 돕는

인간의 앞잡이로 사냥감을 돕는
빛살뿌린 떡갈나무 숲을 코 박고 냄새를 쫓으며
미친 듯 치달려가는 이국종 개새끼들에게 나의 주인은
먹다만 치즈와 흰 뼈다귀를 던져준다

명성 높은 사냥꾼의 백발백중의 총성소리에
남획된 죽음의 피를 빨아먹고 구워먹고 삶아먹고 간 쳐 먹는
인간의 잔인성이 내 몸에도 깊숙이 흐르고 있었다니
차라리 한 마리의 산짐승이 되어 겨냥하는 총구에 쓰러지고
싶다

높은 관을 쓴 너의 이름은 꽃사슴

높은 관을 쓴 너의 이름은 꽃사슴
숭배 받는 향연의 여왕으로 군림하고 있지만
피로 얼룩진 살벌한 눈을 피해가지 못하고
한낱 산중 사냥꾼의 독화살을 벗어날 수 없는

쫓고 쫓기는 거대한 인간상의 상아탑이여
떠받치고 있는 신상과 제단의 향불은 타오르고
위선적인 사랑의 배반을 꿈꾸는 거짓된 이 세상사
인간사 천둥소리 땅울음소리 피울음소리 들어라

아침 햇살 문지방 너머에서

아침 햇살이 문지방 너머에서
숲 속 푸른 잎 꽃봉오리 부풀어 오른다
아름다운 삶의 동공 먼 하늘을 우러러 서면
등골 마디마디 영토에 찍힌 아픈 흔적이 빛나고

지극한 마음 조국의 산하에 안긴 사랑
위대한 만남을 노래하듯 신작로 자갈길을 걷노라면
위험위험 흘러가며 돌돌거리는 도랑물소리
부싯돌의 공기와 언어 말발굽 편자가 보석 같다

모정의 샘물에서 길러낸

모정의 샘물에서 길러낸
생명의 약수 그 젖을 빨아먹고
흠뻑 젖은 영혼의 맑은 물방울소리
사랑의 탄식과 고통을 이겨냈다

신성한 흐느낌은 정맥의 숨소리
나의 삶은 어머니의 젖가슴 순결한 유방
나의 모든 것은 조국의 무덤
깊은 골짜기마다 먼동이 떠오른나

큰 산 꼭대기에서

큰 산 꼭대기에서
바람의 언덕 위에서
채색된 물감을 물들인 흰 구름 모자를 쓰고
멀리 공중에서 떠도는 영령들이여

성긴 문턱에서 창문을 열고 바라보니
멀리 벌목공들의 쇠도끼 아름드리나무 찍어내는 소리
푸른 정맥 속에 흐르는 땀방울소리
거룩한 저들의 핏방울 거룩한 땅을 밟고 싶다

언제부터 순결한 미소를 띠고

언제부터 순결한 미소를 띠고
애달픈 애정의 눈물을 남몰래 뿌렸던가
태어날 때부터 이별을 잉태하고 이 땅에 나왔지만
감미롭고 부드러운 우아한 그녀를 사랑했다

냉정한 여인이여 업신여기지 마시라
치세의 헛됨을 모르는 점철된 침묵의 위엄
화려함이 없는 비천한 내 안의 나그네는
몸꽃이 핀 하늘의 여행자 자유의 피를 마신다

그는 죽었다 그는 죽었다

그는 죽었다 그는 죽었다
죽음이 죽음을 확신하고 죽음으로 돌아갔다
세상엔 명약이 없어 이 아픈 두통을 치유할 수 없다
나도 나의 죽음을 죽음으로 믿어야한다

자연의 법칙은 인연 따라 날생하고
인연 따라 반드시 생명체는 죽는다는 것
돌멩이도 구르다가 구르다가 죽으면
극락으로 돌아가는 것일까

한적한 오솔길 옆에서도

한적한 오솔길 옆에서도
을씨년스런 신작로 그림자 옆에서도
한숨이 터져 나오는 메마른 들녘에서도
이끼 낀 돌베개 하늘을 베고 흐르는 강가에서도

아름다운 이유도 모른 채
아름다운 의미도 모른 채
태어날 때부터 하늘을 향해 미소를 짓는
향기 높은 붓꽃 한 송이를 보았다

한 그루 팽나무

한 그루 팽나무
동구에 가만히 서 있는 팽나무
무슨 생각이 저리도 깊어서 뿌리를 박고
우우우 나뭇잎 흔들리고 있다

정절의 강을 건너
세월의 뒤안길에서 흉한 앞가슴을 드러내놓고
삭풍이 울어 예는 겨울밤
죽음 같은 죽음을 꿈꾸고 있는 것은 아닐까

들녘에 나가보면

들녘에 나가보면
새들의 현관을 두드리는 바람소리
고개를 든 풀꽃들의 발자국
정원사는 보이지 않았다

하느님이 물을 주고 떠났을까
풀꽃들이 소리 없이 울먹이고 있다
사랑은 눈으로 볼 수 없을 때
붉은 열매는 맺혀 땅 위에 떨치는가보다

심산유곡을 찾아서

심산유곡을 찾아서
이 절 저 절 하염없이 다니며
절을 했다 큰 절을 했다
향을 피워 올렸다

축원 발원
소원도 빌었다
문득 깨쳐오는 소리
나는 나를 버리고 도망쳤다

창문을 여니

창문을 여니
둥근 해가 떠오르고
산 나무 땅
꽃물이 붉다

깨어난 만물지상
방점을 찍는 푸른 하늘
점 하나로 뜬 솔개 한 마리
나는 다시 태어났다

눈물 없이 어떻게

눈물 없이 어떻게
울어야 하나요
슬픔 없이 어떻게
눈물을 닦아야 하나요

가녀린 웃음보다
차라리 펑펑 울고 싶어요
너는 내 안에 있는 슬픈 선물
내 안에 있는 눈물

이 세상에서 소중한 것은

이 세상에서 소중한 것은
좋은 친구를 오래도록 기다리는 것
어디쯤 오고 있을까
기다리다 기다리다 평생을 소진한다해도

애써 찾아가는 목적지
왕좌에 앉은 알렉산더보다
굴레에서 벗어나 자유한 자리
구르는 통속에서 마음껏 펴지게 자는 디오게네스를

강가에 가면 물을 보라

강가에 가면
물을 보라 물고기만 보려고 하지 말고
중 낯짝을 보지 말고 부처의 얼굴을 보라
게는 오색 거품을 품고 산다

진정 자기를 속이고
남을 속이지 마라 꺼떡거리며 살아가는
나는 내 거울 앞에 서서도
나는 나를 어제의 나를 왜 알아보지 못하는지

나무를 심는 것도 나

나무를 심는 것도 나
나무를 베는 것도 나
나무는 한자리에 박혀 움직이지 못하지만
그 단 열매의 향기는 뿌리까지 달다

고운 마음에는 고운 세상
꽃핀 자리에도 낙엽 져 떨어진 자리에도
빛나는 생명의 목소리
홀로 거룩하다

선홍빛 붉은 새벽하늘이

선홍빛 붉은 새벽하늘이
먼동의 산마루 능선에서 한판 싸움이다
빛나는 태양이 활활 타오르는데
이 세상은 춥기만 하다

어둠이 물러나고 슬쩍 엿보는
어디로 떠나는 분주한 발걸음 맨발 청춘들
도시의 가난한 사람들
나의 형제가 죽어가고 있다

나는 영혼의 절벽 위에 서 있다

나는 영혼의 절벽 위에 서 있다
내 나이 일곱 살의 쌍무지개를 타고
하늘을 건너가는 구름다리 위에서
해와 달의 천둥소리를 듣는다

인생의 간이 정거장에서
비를 무릅쓰고 삼림 속의 신호등을 켜고
밤의 열차에 몸을 실었다
우주의 중심으로 달려가기 위하여

씻어도 씻어도 씻기지 않는 슬픔이 있어

씻어도 씻어도 씻기지 않는 슬픔이 있어
슬픔보다 더 슬픈 것 가운데 썩지 않는 슬픔이 있어
오래된 상실과 절망 속에 불현듯이 깨친 처연한 슬픔이 있어
황금빛 어둠들이 사자좌의 고운별을 찾아 떠난 봄밤

미치고 미친 봄볕이 산천에 들에 바다에 마구 뛰어놀더니만
먼 산기슭엔 핏빛 뻐꾸기 울음 산천초목도 푸르게 푸르게 슬피 우느니
조국의 영토 위에 검은 깃발이 꽂혀 산울림도 슬피 우는 하늘메아리
구천에 떠도는 고귀한 영령들이여 극락정토 평온하소서

누가 이 야음을 추적하는가

누가 이 야음을 추적하는가
온통 꿈이 어두운 야망의 비단자락
얘들을 태운 죽음의 배 세월호
바닷바람은 거칠어지는데

포옹하는 시간 우는 갈매기
통탄의 바다 속에 여전히 갇혀있는 세상
박탈당한 자들 새벽이 오는 도중에도
누가 운명을 가로질러 질주하는가

멀미가 난 세상 한복판

멀미가 난 세상 한복판
아이들처럼 왕왕 울었다 소름이 끼쳤다
그토록 멀다는 저승길은 내 집 대문 밖인데
누군가 위로의 말씀도 아무 소용없다

근심의 쳇바퀴는 제 자리에서 헛돌고
온종일 때종일 하루종일 칼을 쓴 대역죄인처럼
날카로운 슬픔의 맛이 가슴 속에 진동하는데
자꾸만 헛발 디디는 눈물의 계단

더 이상 항해일지는 필요 없다

더 이상 항해일지는 필요 없다
그럴밖에 없게끔 절망적인 속수무책뿐
경고도 없이 얼마 동안의 시간이 참살되었다
이젠 바다 갈매기의 교신도 끊겼다

난파된 분노의 기억뿐
안전을 획득하지 못한 채찍뿐
최후까지 구원받지 못한 채 아비규환의 세월호
이승으로 가는 티켓 한 장 남아있지 않다

동상은 어디에도 서 있는데

동상은 어디에도 서 있는데
우리가 내년에 살게 될 나라는 어떻게 될까
누구든지 좋은 일이 효일처럼
그렇게 되기를 바라는 숨죽인 광장

누구든지 말하기 어렵겠지만
그것은 멀리 떨어져있는 불편한 동침
희망하는 것은 모종의 신세
구름 모자를 쓴 외투차림 바보들의 행진

얼마나 멀리 외떨어져 왔는지

얼마나 멀리 외떨어져 왔는지
커다란 외로움과 침묵이 포개진 밤이면
이름과 주소도 없는 푸른 요새처럼
신발도 없는 유성들이 반짝인다

가는 중 오는 중 인사도 없이
어찌된 일인지 어영부영 삶의 한복판에 서서
망각의 바다를 건너 백만 송이 꽃피우기 위하여
소멸의 높은 산 아래 죽음과 입맞춤 하는

이런들 저런들 무덤인들

이런들 저런들 무덤인들
치즈를 암시하는 이국종 미친개새끼들에게는
썩은 고기라도 입에 물려주어야 하리라
흰 뼈다귀라도 던져줘야 하리라

두 손에 쥐고 있는 것
입에 물고 있는 것
냄새나는 것
한편 동구 밖 미친개새끼들에게는 몽둥이 뜸질이 제일이다

무엇이 무엇이냐 그 무엇이 무엇이로다

무엇이 무엇이냐 그 무엇이 무엇이로다
아무런 대답도 없는 이 나라 착시의 형국들 뿐
끈 대고 신분상승만 핥아먹는 눈치코치 부관참시들 뿐
세상에 넘치는 짜가와 막가파들 뿐

부패유착 한계를 넘어
자본과 결탁한 정치사기꾼들 뿐
이마트 월마트 같은 저임금 살인노동자들 뿐
하늘처럼 순수하고 천둥처럼 장엄한 목소리가 없나

병든 대지가 신음하고 민생이 응답한다

병든 대지가 신음하고 민생이 응답한다
오래된 거리 곳곳마다에 도래하는 고층건물들이
자연으로 다시 돌아가지 못하는 불구의 몸이 되어
쿵쿵 냄새 풍기는 빌딩촌락의 역마살들

나라의 정치사기꾼은 영혼을 내다팔고 매춘을 하는 공무들
쓰레기 같은 도시의 불빛들 배불뚝이 부르주아들 종패들 모가지들
검은 아스팔트 위에 나뒹구는 깡통들 똥덩이 구더기들 똥파리 떼들
탐욕의 쓰레받기에 쓸어 담을 세상의 저 변설들 핑계들

강물에 비친 흔들리는 하늘처럼

강물에 비친 흔들리는 하늘처럼
이 세상 모든 거짓들이 깨어나는 전설의 꽃바구니
시간마다 울리는 구름언덕 들리는 종소리
오후형 인간들의 눈방울이 토끼눈방울처럼 붉다

모진 세상을 들어올리는 동쪽 하늘
위험위험 흘러가는 도랑물소리 바람소리
그림자들이 짧은 햇빛 비친 풀냄새
넓은 농장의 젖소들이 되새김질을 한다

눈살 찌푸리는 충만으로부터

눈살 찌푸리는 충만으로부터
갑작스런 기침소리 엄청난 북소리 광장
칭얼거리는 아이들의 핏기 없는 얼굴 가운데
아름답고 경건하지 못한 기념비적 행렬들을 보았다

포신이 긴 장갑차와 구둣발자국소리여
횡과 종이 각진 대열로 압도적인 구호소리여
필사적인 꼿꼿한 자세로 허리 굽은 민중들의 신음소리여
안경테 너머 박수치는 젊은 늙은이들을 보았다

모든 생애 쪼그리고 앉아서

모든 생애 쪼그리고 앉아서
뒤뜰 두꺼비처럼 산 먹이 지렁이 잡아먹듯
속을 메스껍게 하는 정경의 비애일까
막돼먹은 혀짤배기 저 인간버러지들

저마다 재치로 먹고 산다지만
진창길 진흙구덩이 맨발인 혼탁한 세상
감언이설로 꼬득이는 붉은 혓바닥들 저 정객들
정신적 진실의 영혼까시 훔쳐가는

이 땅은 부패공화국 만세다

이 땅은 부패공화국 만세다
보라 부패는 폭동의 혁명이다 일어나라
최고권력과 모든 공기업과 말단 공무원까지
긴밀히 연결된 파렴치한 철밥통 흡혈귀다

정종상배들의 합창소리와 부르주아들의 노랫소리
전횡하는 횡령 탈세 뇌물이 오가는 먹이사슬들의 먹구름 속
산산이 부서진 저임금 샐러리맨들의 유리지갑은 어디
분노해야 산다 깨어나야 산다 나라가 산다

옆걸음질만 치는 꽃게처럼

옆걸음질만 치는 꽃게처럼
부두에 묶여있는 해협 연락선들
낡은 가방 속에 들어있는 망국의 화폐들
부정부패는 관피아들의 고리로부터 새어나온다

가까스로 소환장을 면피할 수도 없는
애절한 거리에 끌려가는 짐 지운 워낭소리
채찍질 고함소리에 뺄질을 해대는 허공
보라 여기에 오래된 민중의 여늘놓은 골동품 아니다

낙인찍힌 물든 운명에서

낙인찍힌 물든 운명에서
가책과 자기모욕을 숨겨놓은 채
사냥개처럼 코를 박고
죽음의 냄새를 맡는

솔개로부터 멀리 달아나는
순결한 영혼의 배반자
삶의 꿈속에서 깨어나지 못한 채
벌레처럼 우글거리는 인간들

금빛 화살이 꽂힌 언덕

금빛 화살이 꽂힌 언덕
깃발 위에 앉은 흰 독수리
시체의 창자와 눈알을 파먹고 나래치는
당당한 저 몸짓

부리와 발톱이 날카로운
약탈자의 이리떼들이 두려워하는
고결한 파멸의 정복자
해가 지면 하루살이 곤충들이 모여들겠지

천둥불 같은 자식을 가슴에 묻고

천둥불 같은 자식을 가슴에 묻고
별 총총한 밤하늘을 신음 없이 바라보노라면
살을 에고 뼈에 스밀 듯한 달빛 서린 회한의 강이 흐르고
강변에 핀 노란 달맞이꽃을 아름아름 꺾어 눈물 훔치다

진심으로 미안하다 살벌한 들판의 보릿단 이삭처럼
잔인한 이 땅에 흩뿌린 이름모를 분노의 씨앗들
너의 죽음은 민중의 달맞이꽃이다 노동이다 혁명이다 깃발이다
자유의 푸른 날개에는 쟁깃날에는 붉은 피가 묻어난다

독한 술로 목을 축이고

독한 술로 목을 축이고
죽음이 빗발치는 적진의 참호에 뛰어들어
응고된 분노 적장의 목을 자르고
손톱에 묻은 핏덩이를 씻으려니

뛰는 심장을 다해 고운 혼을 다해
이젠 더 이상 때를 기다릴 시간이 없다
신성한 조국의 부름 앞에 깃발 앞에
우렁찬 용사의 합창을 부르리라

왜 여기에 고운 피가 흐르지 않으랴

왜 여기에 고운 피가 흐르지 않으랴
흰 두루마기 옷소매 속에 품은 태극기 물결
용기 없는 비겁한 자가 되어 전장에서 돌아오기보다는
차라리 피투성이 유골이 되어 넋 없이 고향산천에 묻히리라

빛나는 조국을 위하여
기품 있는 민족의 백의를 위하여
다가올 젊은 세대들을 위하여
제단 위에 마지막 향을 피우고 넘치는 한 잔의 술을 따르리라

나는 소외된 자 너는 패배한 자

나는 소외된 자 너는 패배한 자
으깨어진 죽음의 공기를 깊이 마신다
너와 나는 빈민가의 둥지 꺼져가는 홍등가의 불빛 같다
왼손과 오른손과 노동의 신화는 이미 꺼져버렸다
소멸의 두려움을 차마 바라볼 수만은 없다

짓밟힌 분노의 발자국마다 살아가야 할 이유가 있다
어머니의 흐르는 눈물 속에 사랑을 일깨워주었던 유년시절
절망과 고독을 넘어 희미하게 다가오는 목소리
죽음으로부터 피어오르는 공수래공수거의 꽃 한 송이
그 절정의 노래를 부르노라 내 안의 시인은

하늘도 푸르고 꿈도 푸르고

— 누리의 첫돌을 맞이하여

하늘도 푸르고 꿈도 푸르고
마음도 푸른 천진난만한 어린이들의 이 세상이라면
온통 이 세상이 한 송이 한 꽃송이라면
일화세계 한마디 한 말씀이라면
이 세상은 얼마나 복되고 아름다울까

오월이 오면 하늘의 하느님께 다이얼을 돌리고
삐삐의 신호음을 미친 듯 쳐대도
여보세요 여보세요 여보세요
하느님은 늘 누구와 통화 중이시다
오늘도 하느님은 누구와 통화 중이시다

님아 님아 초겨울 가랑비

님아 님아 초겨울 가랑비
너무너무 추워요
세상만사 천만사 빈 바람소리
푸른 이끼 옷 한 벌 벗어 덮어드릴까요

세상만사 천만사 빈 바람소리
빛 노을 천둥산에 올라 빛 노을 천둥산에 올라
언제까지 이 시를 목매어 읊조리노라
인제까지 이 시를 읊소리노라

제6부

검은 바위

내 차라리 죽고 죽어서
검은 바위라도 될 꺼나
아련히 두 눈을 감으면
실낱 같은 슬픔이 알알이 밀려오고
밀려가는 삶이란 여로에 서서
날이면 날마다
누구를 기다리는 아픈 심사일까
여기에 노래가 있을 양이면
이슬에 맺힌 풀잎처럼
서러워 울지는 말자
풀 한 포기 트인 바람결에도 꽃 한 송이에도
떠나간 옛 시간은 아름다운 것
뇌성이 치고 비바람이 에어와도
누를 황(黃) 검을 현(玄) 눈보라가 휘몰아쳐도
젖은 땅 위에 구르지 않는 검은 바위
참이라도 후회라도 없이
허튼소리 허튼수작은 난 싫어
천년의 소리 백년의 함묵
내 차라리 죽고 죽어서

이름 석자도 지워버린
검은 바위라도 될 꺼나

눈물이 되어 저녁강이 흐른다

눈물이 되어 저녁강이 흐른다
밤하늘의 별이 되어 흐르는 신기루
긴 호리병에 담긴 은밀한 목소리
달빛이 비추이는 어둠의 요람

별들과 가까이 친해보고 싶은
바람과 구름과 환상의 반짝임 속에
둥지의 생명 창백한 침묵
이것은 내 존재의 슬픈 기억이다

아득한 욕망이 불타는 병실에서
서서히 부서져 내리는 심장의 머릿결
나는 죽어가고 있는 작은 벌레
느릅나무 가지에 참새들이 날아와 아침을 깨운다

까탈 없이 가슴이 불안해지는 시간에
소 울음소리 귀 울음소리 두 뺨에 흐르고
별똥별 떨어지는 자리 울면서 죽어가지는 말아야지
눈물이 되어 저녁강이 흐른다

돌이여 돌멩이여 돌이여 돌멩이여

돌이여 돌멩이여 돌이여 돌멩이여
너는 거미의 성좌처럼 빛날 수 없느냐
어두운 세상의 밑바닥에서
구둣발에 채이고 먼 바닷가에 던져지는가

오늘은 안녕하신가 텅 빈 하늘
뾰족한 첨탑 위로 날아가는 화살같이
시들어가는 낙엽 위에 종이 울리고
소박한 삶의 빛깔을 맛볼 수 없느냐

마음속에는 진실을 노래하는데
정말로 슬픔은 나그네의 영혼을 흔드는데
불어오는 바람은 나를 일깨워주지 못하는 것일까
편견에 사로잡힌 회색 반점이 찍히다

유리잔 속에 비상하는 갈매기야
장미처럼 붉게 타오르는 저녁노을 속에
쓸쓸히 해변의 모래 언덕을 걷노라면
저주받은 심연의 물결 위에 달꽃이 핀다

돌이여 돌멩이여 돌이여 돌멩이여

너는 거미의 성좌처럼 빛날 수 없느냐

어두운 세상 밑바닥에서

구둣발에 채이고 먼 바닷가에 던져지는가

저녁별을 헤이다가 가리키다가

저녁별을 헤이다가 가리키다가
나의 시인은 선 채로 잠이 들었다
물 머금은 흰 부싯돌처럼
홍보석 같은 눈물이 흐른다

시간을 갉아먹는
실어증의 투명한 찬 공기들
미쳐 날뛰며 발광하는 세상 녘
배고픈 강물이 하늘에도 넘쳐흐른다

달빛을 뿌려놓은 절벽 아래
무엇을 위해 어둔 밤을 부수고 싸웠는지
숲 속에 던져진 새들의 부리 속에는
처연한 목소리만 들려오고 기록은 남기지 않았다

사랑하라 부러진 화살을 노래하듯
정직한 석공의 먹줄은 석상의 신앙을 창조한다
창시자의 영혼은 부싯돌의 불꽃처럼 가슴에 빛나고
할퀸 상처에 새살이 돋듯 언어의 꽃이 핀다

혹독한 겨울이여 늑골처럼 흐르는 차가운 물은
얼음 속에서도 봄의 기운을 움틔우고 황금빛 보석반지를
죽은 자의 무덤에도 무언의 손가락에도 끼워주느니
저녁별을 헤이다가 가리키다가 나의 시인은 선 채로 잠들었다

크고 넓은 세상 둥근 하늘 아래

크고 넓은 세상 둥근 하늘 아래
꿈꾸고 싶지 않은 어깨가 어디 있을랴
돌고 돌아가는 회전문 사람들 캄캄한 세상 속에
죽은 자들이 그림자만 남겨준 땅

지나가는 사람들 인사 없이 오고가는 사람들
몽상하기 좋아하는 샘가에 사는 사람들
푸른 달빛의 고독이 흐르는 시간
운명의 빛이 비치는 거짓된 세상이다

늦은 저녁구름 발걸음 행인 속에
점 하나 선 하나 그려놓지 못한 귀가길
신음하고 울부짖고 다투는 불행한 고통의 목마름들
슬프다 인간의 극기정신은 스스로 무너졌다

경건한 신화의 아침은 사라졌다
야성의 푸른 늑대가 종족을 위해 죽어갈 때
비굴하게 신음하거나 울거나 기도하지 않는다
둥근 하늘 아래 말없이 죽어갈 뿐

미래의 숭고한 약속은 강한 이빨과 정신력이여니
사상의 씨앗이 던져진 풍요로운 야생의 끝없는 광야
영혼의 피를 흘리는 성스러운 고독의 향기
준엄한 시간 순수의 희망이 남아있다

욕망의 불꽃 속에서

욕망의 불꽃 속에서
희망의 섬광 속에서
녹색전선의 겨울바람 속에서
나는 한 송이 꽃을 피운 붉은 나무를 보았다

하얀 분노의 노래 속에서
검은 분노의 칼날 끝에서
죽음의 캄캄한 길 위에서
삶이여 나는 어머니의 손거울을 깨뜨렸다

흙 한 줌의 사랑을 위하여
텅 빈 영토의 흔적을 찾기 위하여
미지의 들판을 찾아 떠나온 동녘 하늘
밤마다 반딧불이 숲을 불태웠다

늙은 소나무가 풀어헤친 머리칼 너머로
자유롭게 날아드는 산비둘기들의 날갯짓 하나로
푸른 하늘이 열려오는 창밖의 햇살
나는 아버지의 숨찬 기침소리를 삼켰다

하늘아 너의 이름은 에메랄드빛

하늘아 너의 이름은 창공의 에메랄드빛
너의 이름을 부르다가 내가 죽으면
나도 에메랄드빛 하늘이 되리라
쇠똥구리 굴러가는 강변을 숭배할 수 있으리라

북쪽 강둑을 따라 흘러가는 세월 속에
바람은 동에서 일고 구름은 서에서 지는데
죽음의 공기를 마시는 유골의 목소리
요람에서 어머니가 잠을 깨운다

검은 태양이 비치는 영혼의 사원
강가 어딘가에서 조용히 머리 숙여 들려오는
흰 두루마기 옷깃을 여미고 걸어오는 저녁 종소리
이 세상 애처로운 진실을 말하는 것 같다

하늘아 너의 이름은 창공의 에메랄드빛
너의 이름을 부르다가 내가 죽으면
나도 에메랄드빛 하늘이 되리라
살아 있는 목소리로 희생자들을 묵도하리라

별들은 왜 멀리서 빛나는 것일까

별들은 왜 멀리서 빛나는 것일까
투명한 밤이여 떠도는 영롱한 불빛이여
몽매에도 기다리던 바닷길이 열려올 때
푸른 날개를 펼치고 날아라

아름다운 가난한 강산에
기운찬 봄바람은 초원의 형제
들소는 전야의 밤을 되새김질하고
수탉이 울어대는 신 새벽녘 길

광야에서 횃불이 무진장 타오를 때
외침을 약속하는 새로운 삶의 터전 위에
울어서 부은 눈물은 영혼의 노래
물레를 잣는 여인의 검은 머리칼

운명의 시간을 점칠 수 없지만
도공의 도자기는 불 속에서 구워지고
울창한 종탑의 종소리 귀 울음소리를
별들이 멀리서 반짝이는 외로운 밤에 들어라

묘지산성의 그림자처럼

묘지산성의 그림자처럼
일후마저 음울하다 불길하다
영영 돌아오지 않는
돌개바람은 구름 먼지를 흩뿌린다

언제쯤인가부터 존재의 성은 허물어지고
저녁나절 절벽강산의 까마귀 울음소리
눈부신 태양의 동굴을 발견했을 때
실재로 주워진 운명은 불안하다

곱게 물들어 가는 황혼녘
구릿빛 달이 떠오르는 숲 속
살랑거리는 나뭇잎 침묵들
청백 하늘이 밤낮없이 다투고 있다

밤이여 왜 별빛에게는 음악이 없는가
필생의 해안선에서 심연의 바다로 던져진 뭉게구름뿐
무심한 파도소리 흰 거품뿐
텅 빈 가슴 모래언덕 위에 상처를 핥는다

마지막 전동차의 온기를 느끼며

마지막 전동차의 온기를 느끼며
눈물나도록 정맥까지 흐르는 낯선 얼굴들
서로 인사 없이 돌아서는 도시의 사람과 사람들
가로등 불빛이 노란 자위의 밤을 삼킨다

나는 아직 죽기 싫다 새빨간 우체통과
공중전화번호를 돌리는 손가락이 떨리고 있다
죽은 자들의 목소리가 검은 계단위에서 머리를 풀고
밤새도록 어떤 여인은 몸을 몰래 내다판다

아무에게도 말할 수 없는 모든 것
철창 없는 감옥의 포로로 사로잡힌 처연한 몸짓들
파닥이는 족적마다 세기의 피울음소리
더러운 비겁자의 피 묻은 뼈를 핥는

여우의 목도리와 늑대들의 이빨들
어둠의 강에 묻힌 소나무 푸름까지 목이 베었다
인간시장 도살장에는 말세가 넘쳐난다
가면 쓴 무도장에서는 암호로 모자를 치켜 올린다

도색 캔버스 위에 선율 같은 물감으로

보랏빛 뜨거운 여름을 그려 넣고 부는 뿔피리소리

저 징그러운 바퀴벌레 콧수염 같은

아직도 기름진 비둘기 고기를 구워먹고 있다

영혼을 위해 사는 사람은

영혼을 위해 사는 사람은
운명이 두려워짐을 걱정하지 않는다
펼쳐진 소망의 슬픈 날개처럼
아궁이에 청솔가지를 짚고 장작더미를 생각한다

최초의 인간 욕망의 사과알처럼
한번 포장된 거칠고 조잡하고 화려한 꿈은
검은 도검의 칼날 같아 흰 피를 흘리고
잔인한 아름다움을 창조한다

재앙이 덮친 슬픈 괴로움처럼
한 평의 땅과 흙 한 줌 속에 갇힌
아무것도 얻지 못하고 돌아서는 혹성의 탈출
모든 사상과 헛된 꿈은 정말로 천옥 같다

내가 무슨 죄인이란 말인가 고장 난 벽시계는
하늘에서 벙어리처럼 노래하고 춤을 마음껏 추어라
창백한 별들이 추워서 땅 위에 떨고 있다
얼마나 더 가슴 미어지는 슬픔을 느껴야하는가

인간이여 더욱 더 괴로워하라 비밀한 세계
큰 몸짓으로 외투를 입은 괴물 같은 세상의 함성
시대의 행렬이 안개 속으로 질주해가는 거리 한복판
옛 지팡이를 짚고 가는 내 안의 고행자는 무명옷을 입었다

순백한 밤이여 늑대의 울음이여

순백한 밤이여 늑대의 울음이여
고진감래의 피를 흘리고 또 흘리는 밤이여
나는 발가벗었다 죽음의 순간처럼
내 영혼의 피 냄새를 맡아라

바다 속 깊이 가두어놓았던
흑진주 목걸이를 누구의 목에 걸어주랴
잘 익은 고향의 포도주 몇 잔과 축배를 부르며
오랜 시간의 무게를 꽃피워주랴

불사조의 텅 빈 둥지는 없다
신앙과 믿음은 종교의 어머니라지만
무심한 발걸음은 이 세상 어디에 지팡이를 꽂으랴
증오의 대문 밖에 내가 서 있다

산천에 나무가 마지막 베어지고
온 누리의 강물이 마지막 오염이 되고
하늘 물고기가 마지막 다 잡힌다면
이 세상의 북소리를 누가 둥둥 두드리랴

노래의 나래가 펼쳐지는 새벽이면
흰 구름 모자를 쓰고 미소 짓는 아침이면
달빛 은광과 어둠의 인식이 자라고 있는 들판 너머
내 삶의 화수분에 녹두꽃 얼굴을 묻는다

투명한 시간이 물들은

투명한 시간이 물들은
아무도 가보지 않은 좁다란 오솔길 따라
가을의 울음소리 낙엽 밟는 소리
메마른 금빛 골짜기

수북이 쌓인 조용히 시들어가는
지난날의 아름다운 모습을 기억할 때
나는 이 땅 끝에서 끝까지
무성한 세월의 피리를 분다

진실의 눈물을 흘리는 밤이면
사랑에 빠진 계절의 여신 앞에 화관을 바치고
바위틈에서 피어난 인고의 붓꽃을 생각했다
불면의 별밤을 입맞춤했다

결코 벗어나지 못하는 운명이라면
심연과 공간 속에 버려진 명멸의 그림자처럼
낙엽 밟는 소리 가을의 울음소리
내 슬픔의 눈물은 빛나리라 고독하게

창문은 하나의 광명이다

창문은 하나의 광명이다
창문은 하나의 눈과 귀이다
창문은 언어이다
창문은 하나의 심장이다

광휘의 푸른 창공과
광활한 대지의 우물 속에는
신선한 밤의 공기와 자비로운 별들의 노래
가득 채워져 있다

흙 한 줌의 사상에서
메마른 계절의 꽃을 피우고
색 바랜 초록 문장을 읽어주고
나는 시를 쓰게 한다

오래된 창문이고 싶다
더 이상 아무것도 바라는 것은 없지만
나는 깨달았다 어둠과 밝음을
미친 듯이 너를 사랑했다

새들은 떠났다 푸른 영지로

새들은 떠났다 푸른 영지로
흔들리지 않는 광활한 하늘의 행성이 빛나는
죽은 자들과 산 자들이 지켜보고 있는 땅
이 세상 한가운데서 칼바람이 인다

강과 산과 숲은 호국의 영토
시인은 봄을 기억하고 풀꽃에게 편지를 쓴다
그리고 고백한다 잡초는 낫으로 사정없이 목을 벤다고
옷에 묻은 초록 혈흔의 흔적이 증거했다

새들은 시간의 손목을 잡고
발톱으로 서서히 생각한다 비정상적인 것을
순응하기에는 더더욱 어려운 정상들
철인 소크라테스는 법정에 서고 많은 사람들이 죽었다

한 걸음 한 걸음 원시림 속으로
매일매일 힘들게 어떤 일이 생길지 몰라도
불구하고 긴장하고 모든 것 준비한다
시인은 모닥불 하나 피워놓고 살을 찌운다

이 세상 나머지들아

이 세상 나머지들아
너희들은 죽음에 행복한가
한 번만이라도 마른 입술을 적셔보았느냐
오렌지 한 조각 나누어 보았느냐

노동은 살아있는 양심 같은 질병
즐거운 죽음의 땀방울
타인 것이 아닌 나의 눈물
새털 같은 심장이다

열려있는 다음날에는
아이의 첫울음이 태어나고
내 눈꺼풀을 찢는다
아 노동은 불치의 고통

자아를 탐스럽게 갈구한다
외로운 까마귀는 부리로 얼음을 쪼고
물 밖으로 걸어 나온 수리는
은빛 은어의 만찬시간이다

죽은 자들의 넋이여 노래여

죽은 자들의 넋이여 노래여
초록 잎사귀들은 겨울 나무껍질을 깨고
거대한 삼림 숲을 휘덮고 있는데
너는 어디에 있느냐

사라져버린 존재들이여 이름이여
고 작은 솔방울새와 개똥지빠귀와 딱따구리들은
저마다 다른 목소리로 봄을 경작하는데
화답하는 산울림 음표가 무심하지 않다

새로운 경험과 기쁨 속에
좌절과 슬픔 속에 다시 부활하는
희망의 회고록에는 참사랑의 그리움
같은 하늘 아래 함께 살아 꿈꾸고 나래 치는데

바람처럼 경쾌한 종소리처럼
생존의 물음표는 오월의 푸른 하늘인데
너는 어디에 있느냐 너는 어디에 있느냐
죽음 자들의 넋이여 노래여

머지않아 경의를 표하게 될까

머지않아 경의를 표하게 될까
첨탑은 동쪽에서 서쪽으로 행군을 한다
거대한 태양의 수레바퀴가 굴러가고
옛 거장들의 작품을 읽다가

어둠 속 지하병동에서
차라리 날 죽여 달라는
악몽 같은 밤
심야의 고함 소리

땀 냄새
술 냄새
마늘 냄새 지독히 풍기는 만원의 전동차
시간의 종점까지 표를 끊었다

저 일말의 놀라움을 발견했을 때
고난이 뭔지 몇 백 년 뒤의 미래 속에서
더도 덜도 말고 젊은이들에게 남겨준 말씀들
밝은 빛은 시 속에 존재한다고

산다면 다시 태어나지 않으리라

산다면 다시 태어나지 않으리라
죽는다면 이 생명 하늘에 다 바치리라
슬프게도 불면의 밤은 반란의 광장
고독한 자궁 속에 태아의 첫 달빛 울음소리 들어라

인생의 웃음소리는 공허한 슬픔
두 눈을 감을 줄 모르는 함성
광야를 바라보는 태양의 아침이면
허망한 순결은 부끄러운 죄에 빠진다

욕망의 두려움과 동침한 밤이면
흙 벌레 퀴퀴한 냄새 처형의 모가지
인간의 얼굴은 가면을 쓴 천사
감사할 줄 모르는 저주받은

사람의 향기에 취해
미로보다 외로운 믿지 못할 의혹
심해로 갈 수 있다면 검푸른 바다로 가자
영혼의 흔적을 쫓는 참회의 향기여

산다면 다시 태어나지 않으리라

죽는다면 이 생명 하늘에 다 바치리라

슬프게도 불면의 밤은 반란의 광장

고독한 자궁 속에 태아의 첫 달빛 울음소리 들어라

여기에 생명이 없다면

여기에 생명이 없다면
여기에 아무도 살지 않으리라
황톳빛 물이 흘러내리는 영토 위에
죽음의 애도가 무엇인지

낯설고 물 설은 땅
동족의 피가 필사적인 땅
놀라며 깨닫게 되는 해탈의 땅
이젠 편안히 살다 죽어가고 싶지 않다

애정으로 가득한 마음
손에 쥔 검은 조약돌과
흰 조약돌은
그리운 해변의 얼굴

떠가는 뭉게구름 따라
이젠 육신도 마음도 늙고 싶지 않다
큰 산 산울림 침묵이 혼을 깨우듯
오늘도 온몸으로 일기를 쓴다

거울이 등지고 앉았다

거울이 등지고 앉았다
거울이 마주보고 않았다
거울은 긍정도 부정도 없다
가면을 쓴 모든 얼굴을 비춰줄 뿐이다

떠도는 거리의 어둠과 어둠 속에서도
상념의 잎을 떨치고 침전된 고요 속에 눈을 뜬다
빛과 빛 사이 뒤인길에서
순정을 다하는 마음이다

숭고한 영혼 속에서도
숭고한 분노 속에서도
경이로움의 피가 흘러 응고될 때
세상과 마주선 감동

거울은 알고 있으리라
온몸에 파고드는 태양의 속박을
뼛속을 헤엄쳐 다니는 너의 죄의식을
누구든지 자신을 알고 있으리라

좌절의 맛과 슬픔의 맛과

좌절의 맛과 슬픔의 맛과
부활의 맛과 새로운 경험의 맛과
회고록에서 발견된 한 줌의 빛나는 용기와
힘찬 심장의 박동소리 들어라

처연히 울고 있는 짐승처럼
통곡의 밤은 청천강에 고요히 흐르고
영혼의 흰 상처를 핥는
자비의 눈물

가을 고추잠자리 날갯짓처럼
필생의 물음표는 빛나고
오래지 않아 경의를 표하게 되는
인생 고배의 잔을 맛보았느냐

마지막 얼굴이 그려지고
순결치 못한 기억의 휘파람소리
옛 거장들의 작품을 읽는다
넋 푸른 정신을 씻는다

모든 담쟁이들이 그렇듯이

모든 담쟁이들이 그렇듯이
초록잎으로 차려입고 단장을 해도
너무나도 외로운 자아처럼
마지막 잎새가 된다

벽이 있는 벽공을 향하여 기어오르다가
믿을 수 없는 일후의 구름처럼
자아마저도 받아들일 수 없는 욕망처럼
사라지는 귀뚜라미 울음소리 들어라

빛나는 순간은 멈출 수 없다
불꽃이 깜빡이는 곳에 도달하지 못한 채
점과 선으로 점철된 고요한 사물의 눈동자 속에는
하나의 진실이 새겨져 있어 영원하다

짙푸른 하늘의 지붕과 갈색 벽돌의 집들이 둘러싸인
요란하기 짝이 없는 감탄과 비루한 눈물들이 살아남은 도시
제어할 수 없는 시간의 기적소리는 미지로 달린다
검은 빛으로 번뜩이는 풍경 속으로

바람소리조차 들려오지 않습니다

바람소리조차 들려오지 않는다
죽을 만큼 가슴이 미어지고 구름이 꽃을 피운다
청동하늘의 무게만큼 육신과 영혼을 훨훨히 불태우고
진흙 속의 연꽃처럼 인고의 향기를 품는다

고독의 홑이불을 덮은 지고한 정신 속에
극기하는 고귀한 품격의 인간애의 길
늘 깨어있는 침묵 속에서
스스로 고통을 겪으며 죄를 범하는

거친 폭풍우 속에서 도가니 속에서
굴러 떨어지는 운명의 어두운 바윗돌처럼
결코 고백하지 않을 수 없는 멸시의 강을 건너간다
부조리한 존재를 벌한다 발견한다

업보를 벗어나지 못한 채 걸머진 땀방울
그래서 인생은 고귀하다 생을 포기하는 사람은 비겁하다
본분에 충실한 사람 극기의 사상
감사할 줄 아는 존재는 꽃보다 아름답다

가슴속에 모욕당한 분노를 게걸스럽게
울음을 삼키고 금지된 삶의 머리칼을 어깨 위에 흘러내리다
말없이 신음하다 죽어가는 주춧돌 밑에 귀뚜라미
신전의 개똥벌레들은 흰 달빛 흰 옷으로 갈아입었다

하늘이여 하늘이시여 피를 더 흘려야하는가
흙 한 줌의 사상을 꽃피우는 창부창녀의 노래를
세상을 떠받치고 있는 소금 기둥은 허물어지고
조국의 제단 위에 형제들이 죽어가고 있다

진실과 대항하는 사람에게는 언제나

진실과 대항하는 사람에게는 언제나
투시의 눈과 청각의 힘을 모두 눈멀게 했다
먼지투성이 호칭과 박쥐들의 이빨이 빛나는 세상사
거룩한 인간의 피를 흘리며 우리의 형제들은 죽어갔다

어둠의 시간을 뚫고 깊이 들어다보아도
생존의 가치가 있는 유일한 양심은 병들어 쓰러지고
재갈을 물린 황금의 처형장에는 배신의 피 묻은 조총소리뿐
이젠 신도 죽고 신뢰도 죽고 시대도 죽었다

시야 밖에서 적막을 갉아먹는 분노의 냄새뿐
광음천지의 창문을 두드리는 운명의 비명소리뿐
장엄한 순수가 존재하는 하늘 지붕 아래
도시를 떠난 사람마다 눈물을 훔친다

배반의 칼춤을 꿈꾸는 세상 한복판
고뇌하는 얼굴은 성전의 주춧돌인가 영혼의 꽃이런가
검은 방울새가 노래 부르는 희망의 날개여 활짝 펼쳐라
얼마나 간절히 바랬던가 축배의 잔을

절망의 맛과 망각의 혀끝 사이
이를 수 없는 불가능의 가능 사이
정박해있는 바다 위에
달빛시린 영혼의 돛단배 한 척

발효된 시간의 나침판 위에
빛과 소리와 광음이 장엄한 물결 위에 비추어오듯
기운을 북돋아주는 절정의 노래여 숭고함이여 영혼이여
수평선 너머로 별의 나라로 고향으로 돌아가자

발효된 역사의 시간이 멈추었습니다

발효된 역사의 시간이 멈추었습니다
진실이 도망친 공허한 무덤가에는 메꽃이 피었습니다
고문서의 역사책에는 누이의 정조를 빼앗겼습니다
실어증의 나의 조국은 근친상간을 했습니다

미래의 둥지는 풀벌레의 집 광채가 울부짖습니다
형상의 입술 위에 새벽 솔개는 창가에서 파닥입니다
순백의 눈먼 이름이여 소멸의 빛이여 하늘이여
호랑가시나무 위에 저녁노을이 종을 울리고 있습니다

보시라 딱지가 붙은 세상의 거짓들과 비겁한 자들을
죽음으로 심화된 녹색 가면을 쓴 슬픈 열정들을
종달새 외침처럼 신선하지 못한 혐오감들을
보이지 않는 칼의 노래가 가슴속에서 피를 흘립니다

인광의 고통은 무용의 빛을 창조합니다
아직도 배신의 이야기가 남겨있는 그늘진 땅덩이
죽음의 거울에 비친 피의 형제와 영웅들을
언제까지 사랑의 비명소리를 들어야합니까

소집된 새들의 현관에는
광채의 어둠이 열리고 천고의 뇌우 소리
실체 안에 존재하는 나의 당신은 누구입니까
대체 지금은 몇 점에 와 있습니까

석양빛이 타오를 때 들녘에는
빛 밝음의 깊이보다 어둠의 높이를 잽니다
정자나무 흉한 구멍까지 물들은
광음천지에 썩지 않는 슬픔이 있습니다

강 건너 펼쳐진 생의 경작지
노동의 호밀밭에는 언어의 구름꽃이 피어오르고
축축한 외양간에는 황백이 울음소리
밭고랑 너머에서 늦도록 이삭을 줍는 늙은 농부를 보았습니다

호국 산천 가는 길에

호국 산천 가는 길에
호국 산천 가는 길에
유정도 천릿길 무정도 천릿길
청백 하늘 흰 구름 비 뿌려 재를 넘네

곳곳마다에 피는 산유화가
곳곳마다에 피는 산유화가
내 안 어디메쯤 흐드러지게 피어있을까요
가을 봄 여름 없이 지고 있네

목숨을 다 바친 순교보다
내 마음속 불타는 고요한 무덤
사방을 둘러보아도
가시나무새 울음 우네

곳곳마다에 흐르는 물이
곳곳마다에 흐르는 물이
내 안 어디메쯤 맑게 솟아 흐를까요
주야장천 쉼 없이 흐르네

아니다 우린 아직 혼자가 아니다

아니다 우린 아직 혼자가 아니다
가난한 조국의 애인과 굶주린 눈보라 속에서
조용히 위안 받고 있는 거룩한 노동의 땀방울 핏방울
제대로 살아보지 못한 사람들을 기다리고 있다

인생의 반 토막도 살지 못했던 세상
푸른 공기를 마시며 제대로 사랑해보지도 못했다
아직도 상의할 사람이 없다
화려한 궁핍 속에 빛나는 노동은 죄가 되었다

갈 곳도 돌아올 곳도 없다
홀로 거울 속 나그네의 흰 머리채가 흘러내릴 뿐
흑점 태양이 궁핍하게 곁눈질을 해 댄다
눈이 눈 속에서 한없이 부서진다

고개 숙인 굴피나무가지 사이로
더 큰 하늘이 있는 곳 빛나는 푸른 언덕
죽은 자들의 혼백이 우우우 몰려오는 비산비야
솔개는 점으로 떴다가 선으로 사라지는

주홍빛 햇살이 세상을 다시 만든다면

주홍빛 햇살이 세상을 다시 만든다면
순결한 숲 단풍나무 곁에서 애절하게 피어있는
동심초 초원을 걸으며 광야에서 불어오는
죽은 자들의 말발굽 함성소리 들어라

숨찬 역사의 수레바퀴처럼 야생의 숲속에서
달빛 유골단지로부터 발견된 청동빛 뇌우소리
전쟁과 평화로 이루어진 범람하는 시냇물소리를
투영된 물빛 발자국으로 돌다리를 건너간다

살육의 피 냄새와 동강난 들녘에서도 꽃이 핀
꽃불 타는 영토의 가슴에 한숨짓는 것은 누구의 외침인가
여름에서 가을로 넘어가는 낙엽 길을 걸어가는 바람소리인가
열린 하늘길을 따라 경작지의 농작물을 거둬들이는

넓고 곧은길은 대도로 인도로 통한다
희고 빛나는 청초함이 질서 속에 배어있다
둥근 하늘지붕이 떠받들고 있는 사향 냄새가 나는 풀밭
아장아장 꽃신이 걸어가는 아기의 모습이 그윽하다

조용하고 엄숙한 표정으로 시선을 가까이 한다
위대한 영웅도 현자도 가슴속엔 장송의 꽃 한 송이 꽂혀있다
단호한 목소리로 대지의 흐느낌처럼 하나같이 섬기는
잃어버린 조국과 잃어버린 형제를 찾아야 한다

나루의 배가 강을 건너가듯

— 이번 시집을 끝내면서

나루의 배가 강을 건너가듯
생사의 뱃사공이 되어 노를 저어갈지어다
큰 구름이 되어 감로의 단비를
산천초목 강토 위에 다 뿌릴 지어다

큰 원력과 서원의 힘으로
광대한 국토의 광명이 밝혀질 지어다
마음에 걸림이 없어 허공과 같아
장엄한 거리에 미묘한 향기 그득할 지어다

여기서 죽어 저기서 나는 일
모든 존재의 바다를 버리고 떠나는 일
몸과 마음과 행동이 청정하여
한량없는 백 천 무리들 이롭게 할 지어다

끝없는 세월을 두고두고
큰 보배 산과 같은 거룩한 모습
상서로운 숲 속에 지저귀는 새소리 즐겁고
동산 연못에 눈부신 햇살 만개한 연꽃

인간은 보배요 세속의 인연
범천 같은 음성 복된 금빛 광영이여
어디서나 은은히 비추어질지니
병에 알맞게 약을 지어 병을 낫게 할 지어다

옛적부터 지녔던 기도
이 세상 모두가 다 이뤄짐이 꼭 이뤄지이다
바라건대 함께 가는 해탈의 길
티끌 같은 이 몸 다비장에 불 지피이다

해설

함께 가는 해탈의 길, 시의 길

— 박진용의 시

오홍진(문학평론가)

1. 화택(火宅)

박진용 시인은 스스로를 산인(山人), 곧 산사람으로 선언한다. 「나는 산인이다」에 나타나듯, 그는 "초야에 머리 두고/ 산천에 뼈 한 줌 묻어 흩뿌리"는 삶을 애타게 갈망한다 "세 치 혀로 남의 비위를 맞추지 않"는 삶, 그리고 "남달리 속된 혐오감과 더러운 불의와 시비를 떠"난 삶이 산인으로서 그의 삶을 이루고 있다면, 그가 쓰는 시는 무엇보다 이러한 산인의 삶과 밀접하게 연관되어 있다고 보는 게 타당할 것이다. 하지만 주의할 점이 하나 있다. 산인이라는 말에 현혹되어 그의 시를 탈속적인 경향으로만 해석해서는 안 된다는 점이다. 시인은 일상을 훌쩍 떠나 산에 묻히길 좋아하지만, 그래서 그의 시안(詩眼)은 언제나 자연을 향해 있지만, 그럼에도 그의 발은 항상 우리가 사는 지금 이 땅을 굳건히 밟고 있다. 요컨대 그는 삶을 통해 다시 현실로 돌아오는 길을 시의 언어로 모색한다. 산은 산으로만 존재하는 게 아니라 우리가 사는 이 현실과 더불어 존재한다. 「진망(眞忘)」이라는 시에 드러나는 대로, 산과 현실(세속)은 둘이 아니라 하나로 묶여 있다. '하나' 라는 말이 걸린다면 둘도 아니고 하나도 아닌 상태라고 표현해도 좋겠다. 그리하여 시인은 끊임없이 집을 떠나 산으로 가는 일을 반복한다. 산으로 가는 길은 집으로 돌아오는 길과 다르지 않거니와, 박진용 시에 새겨진 역설의 미학은 이런 점에서, 둘도 아니고 하나도 아닌 불교적 역설, 곧 '불이(不二)' 의 세계관에 근거하고 있다고 봐도 좋을 것이다.

시인에게 우리가 사는 이 현실은 번뇌의 고통이 들끓는 '화택(火宅)' 과도 같은 곳이다. 화택을 굳이 마음의 불이라고만 한정할 필요는 없다. 실제 우리가 사는 이 세계는 도구적 이성이 낳은 근대―이성의 수많은 무기들로 하여 불타고 있기 때문이다. '초토화(焦土化)' 라는 말이 의미하는바 그대로, 인간이 세운 근대도시는 초토화된 자연 위에 건설되었다. "화택 속에 불타고 있는 세상"(「삶이여 삶이여 삶이여」)의 이미지는 「시간의 뿌리는 피를 마신다」에서 "피가 타는 강 반지하방 생활고에 목을 맨/ 죽은 엄마 젖을 빨고 있는 아기"의 이미지로 구체화된다. 하늘이불을 덮고 신음하는 철거민들 위로 우뚝 솟은 아파트 군락의 이미지로도 변주되는 화택의 세상은 시인이 산을 찾을 수밖에 없는 이유를 에둘러 보여준다. 화택은 한 개인의 번뇌로 한정될 수 없는 사회적 맥락을 지니고 있다. 돌려 말하면 시인의 마음속에서 일어나는 번뇌는 우리가 사는 이 사회의 모순과 명백하게 이어져 있다. 욕망이 또 다른 욕망을 낳는 무한욕망의 세상이 시인의 마음에 삶의 번뇌를 불어넣는다. 무한욕망이 자기 몸을 태우고 있는데도 사람들은 그것을 인식하지 못한다. 타자의 아픔은 타자의 아픔일 뿐이다. '나' 가 아프지 않은데, 어떻게 타자의 아픔을 알겠는가? 화택의 세상은 바로 나와 타자를 분리하는 근대인의 그 저열한 욕망으로부터 뻗어 나오고 있는 셈이다.

「말은 말을 낳는다」를 참조한다면, 화택의 세상을 살아가는 주체는 "타락의 낙원에서 파닥이는 죽은 말들" 에 오염되어 있다. 우리가 사는 이곳이 활활 불타고 있는데도, 그들은 죽은 말들이 만들어낸 타락의 낙원에서 한없이 즐거워한다. 깨달은 자의 눈으로 보면 "악몽"(같은 시)일 수밖에 없는 이 세계가, 일상인의 시선으로 보면 더 없는 낙원이다. 죽은 말들이 계속해서 죽은 말들을 낳는다. "증오로 둔갑한 사람들" 이 죽은 말들을 외치면, 그것은 환영이 되어 욕망의 주체들을 더욱 더 부추긴다. 어디로 가야 하는가? "죽은 자들이 그림자만 남겨준 땅"(「크고 넓은 세상 둥근 하늘 아래」)이 아니라면 우리가 살 곳은 도대체 어디인가? 탈을 쓴 천사들이 아름다운 목소리로 민초들을 유혹한다. 세상은 원래 그런 거라고, 그러니까 자기에게 주어진 삶을 '운명' 으로 생각하라고. 화택은 가난한 민초들은 피할 수 없는 운명일 것일까?

진실과 대항하는 사람에게는 언제나
투시의 눈과 청각의 힘을 모두 눈멀게 했다
먼지투성이 호칭과 박쥐들의 이빨이 빛나는 세상사

거룩한 인간의 피를 흘리며 우리의 형제들은 죽어갔다

어둠의 시간을 뚫고 깊이 들여다보아도
생존의 가치가 있는 유일한 양심은 병들어 쓰러지고
재갈을 물린 황금의 처형장에는 배신의 피 묻은 조총소리뿐
이제 신도 죽고 신뢰도 죽고 시대도 죽었다

시야 밖에서 적막을 갉아먹는 분노의 냄새뿐
광음천지의 창문을 두드리는 운명의 비명소리뿐
장엄한 순수가 존재하는 하늘 지붕 아래
도시를 떠난 사람마다 눈물을 훔친다

—「진실과 대항하는 사람에게는 언제나」 1~3연

도구적 이성의 무한욕망이 빚어낸 세계와 맞서는 사람들은 언제나 있어왔다. 그들은 '진실' 이라는 이름으로 욕망의 세계와는 다른 세계를 꿈꾸었다. 하지만 위 시에 표현되거니와, 진실을 외치는 사람들은 항상 "거룩한 인간의 피를 흘리며" 죽어가야 했다. 화택의 세상을 지배하는 것은 강자의 욕망이기 때문이다. 그리하여 "이젠 신도 죽고 신뢰도 죽고 시대도 죽었다." 자기의 욕망에 눈먼 사람들은 타자를 향해 끊임없이 죽은 말들을 내뱉는다. 죽은 말들로 뒤덮인 환영의 세계를 우리는 살아가고 있다고나 할까. 그렇다면 화택의 진실을 정확히 보려는 시도 또한 환영에 불과한 것은 아닐까? 죽은 말들로 구성된 화택에서 진실을 엿보는 것은 과연 가능한 일일까? 시인은 "투사의 눈과 청각의 힘"을 이야기하고 있다. 투시의 눈과 청각의 힘을 간직한 사람들에

게만 진실의 문은 열린다는 것이다.

'변두리'를 향한 시인의 관심은 바로 이 지점에서 생성된다. 「나의 눈은 변두리에 있다」에서 시인은 아무도 관심을 기울이지 않는 변두리에 시안을 집중하고 있다. 나의 눈과 귀, 코와 입은 "변두리에 있다." "모든 빛깔도 소리도 향기도 맛도 변두리에 있다". 욕망의 중심에 도달하기 위해 경주마처럼 앞만 보고 달리는 현대인들의 삶에 비춘다면, 변두리는 경쟁에서 도태된 사람들이 가야 할 패배의 장소이다. 그런데 그러한 변두리에서 시인은 "하늘이 열리"는 성스러운 경험을 한다. 하늘이 열린다는 건 '나'의 의식이 열린다는 걸 의미한다. 욕망의 주체가 중심의 길을 맹목적으로 질주하고 있다면, 변두리에 서 있는 주체는 중심에서 비껴나 천천히 그곳—변두리를 거닐고 있다. 눈이 변두리에 있으니 투시의 눈이 열리고, 귀가 변두리에 있으니 청각에 힘이 생긴다.

이처럼 시인은 변두리라는 바늘구멍으로 세상을 보려고 한다. 중심에 서 있으면 보이지 않는 진실이 변두리에 서 있으면 보인다. 변두리에 서서 시인은 "업(業)아/ 업(業)아/ 네 집에 불났다/ 어서 일어나 혼불을 꺼라"(「업아 업아」)라고 외친다. 변두리에서 들려오는 소리는 변두리에 있는 존재만이 들을 수 있다. 변두리의 언어는 중심의 세계를 만든 죽은 말들이 아니기 때문이다. 박진용은 이렇게 화택의 저편에, 변두리의 살아 있는 언어를 배치하고 있다. 변두리의 언어를 사용하는 존재 역시 화택을 피할 수 없는 건 마찬가지다. 그것은 생명을 지닌 존재로 태어난 자라면 피할 수 없는 업(業)이기 때문이다. 하지만 변두리의 언어를 알고 있기에 그는 중심의 언어와 싸울 수 있는 힘이 있다. 불타고 있는 집을 끌 수 있는 유일한 대안이 변두리의 언어라고나 할까.

박진용이 산인의 마음으로 시를 쓰는 이유는 여기에 있다. 산인은 인간이 만든 역사의 너머에서 어떤 진실을 찾으려고 한다. 인간의 역사는 욕망의 역사와 다르지 않다. 인간의 무한욕망이 자연에 대한 폭력으로 점철된 역사를 만들었다면, 시인은 폭력이 자행된 바로 그곳에서 역사를 넘어서는 새로운 세계를 꿈꾸려고 한다. 자연이라는 변두리를 거닐며 펼쳐내는 시(어)의 향연은 이렇게 마음의 화택과 맞서 싸우는 힘을 시인에게 부여한다. 「물은 물같이 흐르고」에 표현되는 대로, 물은 물같이 흐르고, 불은 불같이 타오른다. 물이 물의 길을 거부하고, 불이 불의 길을 거부하는 순간 마음의 화택이 생기는 것이라면, "나는 나의 길을 간다"는 시인의 다짐을 조금은 이해할 듯도 하다. 문제는 그가 걸어가는 시의 길이 언어와 더불어 가야 하는 길이라는데 있다. 시의 길은 언어에 내재된 환영과 끊임없이 싸우며 가는 길이라고 할 수 있다. 언어로 만들어진 화택을 언어로 넘어서는 길이 시의 길이라는 걸 시인은 분명히 알고 있을 것이다. 그런 점에서 시의 길은 고통의 길이다. 고통인 줄 알면서도 어쩔 수 없이 가야 하는 길이 시인의 길이라면, 박진용은 운명과도 같이 그 길을 걸어왔다. 그는 죽은 말들이 그린 악몽을 벗어나 "수평선 너머로 별의 나라로 고향으로 돌아가"(「진실과 대항하는 사람에게는 언제나」)려고 한다. 그는 어떻게 그 고향으로 돌아가고 있을까? 화택의 세상을 넘어 새로운 언어로 꿈꾸는 그의 시세계로 우리는 이제야 들어서는 셈이다.

2. 광인의 언어로 부르는 노래

새로운 세계는 새로운 언어를 필요로 한다. 죽은 말들의 환영이 사라진 자리에서 살아 있는 말들이 뻗어 나온다. 이를테면 「말도 없이 뜻도 없이」에서 시인은 "야성이 살아있는 말"을 이야기한다. "눈 속에 순록의 발자국이 찍힌 말"로 대변되는 야성의 언어는 "쓰이지 않는 모음들/ 사방팔방 흩어지는 자음들"(같은 시)이 암시하듯, 이성의 언어와는 동떨어진 특성을 내보이고 있다. 이성의 언어는 관념의 언어이다. 사물의 구체성은 내버리고 사물에 대한 추상적인 관념을 표현한 게 이성의 언어라면, 시인은 그러한 이성의 언어가 배제한 사물의 구체적 속성을 다시 언어로 표현하려는 거대한 야망에 불타 있다.

새로운 언어를 찾아야만 한다
야간비행기가 하늘에 별이 되었다
희미한 빛을 발하는 뉴스
느릅나무가 땅을 파고 있다

빈 포크레인 한 대
주먹손을 땅에 내려놓았다
내가 사랑하는 조그마한 것들
초록 방언들이 천지를 뒤덮었다

—「새로운 언어를 찾아야만 한다」 전문

시인은 새로운 언어를 “초록 방언들” 이란 시구로 표현하고 있다. 초록 방언들은 이성의 언어가 지닌 관념성을 뛰어넘는 힘을 지니고 있다. 이성의 언어는 무엇보다 논리적 의미를 지향한다. 이성의 언어에 충실한 근대인들이 논리=이성의 반대편에 비논리=광기를 설정한 이유는 여기에 있다. 이성의 언어로 본다면 비논리는 단지 광기일 뿐이다. 비논리를 통해 새로운 논리가 생성되는 역설을 이성의 언어는 인정하지 않는다. 이성-광기라는 근대의 이분법적 구도는 이 지점에서 나타나고 있는바, 시인은 이성의 반대편에 광기를 배치함으로써 초록 방언들로 이루어진 새로운 세계를 그리려고 한 셈이다.

그리하여 시인은 “소리도 구멍도 없는/ 천공의 피리 소리를 따라가는/ 나는 광인이로소이다”(「광인」)라고 선언한다. 이성의 바깥, 시인의 표현대로라면 소리도 없고 구멍도 없는 세계를 향해 그는 정처 없이 길을 떠난다. 천 갈래 만 갈래로 갈라져 있는 그 길을 걷다 보면, 온 세상이 온통 길로 화해버린다. 시인은 소리도 없고 구멍도 없는 세계라고 말하지만, 실제 그가 걷는 세계는 수많은 구멍들과 길로 이루어져 있다고 봐야 한다. 광인의 눈은 평범한 사람들은 보지 못하는 그 길을 끊임없이 찾아낸다. 광인이 왜 광인이 되었겠는가? ‘광인’ 이라는 말은 정확히 일상인의 편견을 그 밑바탕에 깔고 있는 언어라고 할 수 있다. 곧 일상의 편견이 광인을 만든다. 따라서 “나는 광인이로소이다” 라는 선언에는 일상인의 평범한 길을 결코 걷지 않겠다는 시인의 의지가 내포되어 있다. 자기 집에 난 불은 눈 뜨고도 못 보는 게 우리 일상인이라면, 시인은 그러한 일상인의 너머를 지향하는 광인의 눈으로 불난 집의 정체를 분명히 보려고 한다.

가을 산
서리 내리면
어디에도
붉을 홍

소리도
냄새도
형상도 마음도 없는
큰 허공

—「큰 허공 1」 전문

혼자서
한가로이
멍청이 앉아서
큰 떡갈나무 숲 속엔 딱따구리 딱따그르르

—「혼자서」 1연

광인은 "초록 방언들"을 시어로 사용한다. 「큰 허공 1」을 따른다면, 초록 방언들은 "소리도/ 냄새도/ 형상도/ 마음도 없는/ 큰 허공이다". 이성의 언어가 사물을 끊임없이 나누는 과정을 반복함으로써 의미를 이끌어낸다면, 초록 방언들은 큰 허공을 있는 그대로 비추고 있을 따름이다. 거기에는 애초부터 기준에 따라 사물을 나누는 주체가 없다. 주체를 상정하지 않았으므로 당연히 대상도 없다. 근대 인식론의 주체—대상 이분법을 시인은 "큰 허공"이라는 거대한 공간으로 단번에 깨부순다. 가을 산에 서리가 내린다. 단풍이 든다. 큰 허공이다. 시인은 이러한 큰 허공을 "어디에도/ 붉을 홍"이라는 시구로 간결하게 표현한다. "붉은 홍"은 시각의 형상이 아니다. 큰 허공의 자연스러운 모습이다.

「혼자서」라는 시에 드러나는 대로, 큰 허공은 혼자서 한가로이 앉아 있는 사람에게만 들리는 "딱따구리 딱따그르르"라는 자연의 소리와 정확히 닮아 있다. 자연의 소리는 생명의 소리이다. 살아 있는 것들이 모여 자연을 이룬다면, 자연은 살아 있는 것들의 수많은 '감각들'로 뒤덮인 세계라고 할 수 있다. "큰 허공"이라는 말을 머릿속의 관념으로 생각할 수 없는 이유를 이보다 더 명확하게 표현할 수 있을까? 큰 허공은 수많은 생명들이 거침없이 내뱉는 무수한 소리들로 이루어져 있다. 박진용은 이 큰 허공의 감각에서 광인이 불러야 할 노래의 본질을 찾고 있는 셈이다.

시인의 큰 허공은 그러므로 시간 속에서 항상 변화될 수밖에 없는 특성을 지니고 있다. 큰 허공은 감각 너머의 이데아, 즉 영원한 세계가 아니라는 말이다. 「많은 시간들이 탑 속에 있다」에 드러나는바, 탑은 수많은 시간들의 흐름이 모여 이루어진다. 이 시에 나오는 탑을 굳이 상징화할 필요는 없다. 탑이라는 대상 자체가 이미 '변하고 있는' 대상이 아닌가. 시인은 텅 빈 침묵이 흐르는 삼경(三更)의 별빛 속에서도 "어디서 들려오는/ 정적의 풍화작용 소리"(같은 시)를 듣고 있다. 정적의 상태는 움직임을 부정하지 않는다. 아니, 정적이라는 상태에 이미 움직임의 의미가 함유되어 있다.

살아 있는 모든 것들은 항상 움직인다. 움직이지 않으면 살아 있는 것이라고 말할 수 없기 때문이다. 이런 관점에서 본다면, 바위 또한 시간의 흐름을 거스를 수 없다. "정적의 풍화작용 소리"가 바위 속에서도 끊임없이 들려오고 있다. 큰 허공의 미학은 이렇듯 시간을 거스르지 않는다. 시간과 맞서 싸우며 시간 너머의 삶을 꿈꾸는 근대적 주체들은 그래서 큰 허공의 미학을 이해할 수 없다. 시인이 산인이 될 수밖에 없는 이유는 이로써 분명해지거니와, 합리적인 세계를 거부하고 비합리적인 세계를 향해 가는 광인의 서정은 이러한 산인의 큰 허공과 밀접하게 연결되어 있다고 하겠다.

광인의 눈으로 바라본 이 세계는 악몽과도 같은 세상이다. 불난 집을 등에 지고 이 세계의 주체들은 허둥지둥 어딘가를 향해 맹목적인 질주를 벌이고 있다. 그들이 달려가는 곳에는 무엇이 있을까? 근대의 합리적 주체들이 세운 근대문명의 현황을 생각한다면, 그들의 앞길에는 숱한 파괴의 기록들이 고스란히 널려 있다. 파괴의 현장 여기저기서 고성(高聲)이 오간다. 무한경쟁에서 살아남으려는 욕망이 타자에 대한 파괴를 정당화한다. 현란한 문명의 이면에 드리워진 살육의 현장은 가을이 되면 온통 "붉을 홍"으로 뒤덮이는 자연의 감각과는 멀찌감치 떨어져 있다.

박진용의 시는 어떻게 보면 이 두 세계의 경계에 위치하고 있다. 그는 이성의 논리로 빚어진 근대의 폭력을 묘사하는 한편으로, 그 근대의 폭력을 넘어설 수 있는 시적 힘으로서 자연의 큰 허공을 제시하고 있다. 근대의 폭력이 죽은 말들의 세계와 이어져 있다면, 큰 허공의 세계는 새로운 언어 곧 초록 방언들의 세계와 연결되어 있다. 「호젓한 산중 패랭이꽃」에 나타나는 초록 방언들의 세계는 "나뭇잎 귀 기울이는/ 먼 마을 닭 우는 소리/ 적막강산의 고요소리"와 그 맥이 닿아 있다. 초록 방언들은 그러므로 한없이 낮은 목소리를 유지한다. "붉은 홍"으로 덮인 자연은 우리 인간을 향해 자신의 아름다움을 감상하라고 외치지 않는다. "붉은 홍"의 세계는 '스스로 그러하게' 거기에 있다. 인간이 자연을 향해, 혹은 인간이 인간을 향해 외치는 그 거친 소리에 비한다면, 자연의 감각은 그것을 보고 듣는 이들과는 상관없이 펼쳐져 있다.

시인이 불러내는 광인—산인은 이러한 자연의 감각을 온몸으로 받아들인다. 어딘가로 던진 돌멩이 하나에서 "영겁 속으로 떨어지는 소리/ 골짜기엔 꽃울음소리/ 강가엔 강울음소리"를 듣는 광인—산인의 감각을 보라. 새로운 언어는 항상 새로운 감각과 더불어 온다. 감각으로 느끼지 못하면 새로운 언어는 탄생될 수 없다. 시인은 산인이 되어 자연을 배회하고, 광인이 되어 자연을 감각한다. 자신을 열어놓지 않으면 시인은 자연의 감각을 만끽할 수 없다. 비가 내리면 비를 맞아야 하고, 바람이 불면 바람을 맞아야 하는 게 시인의 운명이다. "붉은 홍"으로 덮여 있는 자연 속에서 그 또한 붉어지는 게 시인이라면, 시인의 길은 곧 자연의 길과 하나가 될 수밖에 없다. 박진용은 바로 그 길을 걸어가려고 한다. 근대라는 문명의 입장에서 보면, 시인의 이러한 선택은 자신의 욕망을 포기하는 대가를 반드시 수반한다. 문명과 더불어 자연을 즐길 수는 없다. 가는 길이 다르기 때문이다.

화택의 문명을 등에 지고 시인은 악몽 같은 이 세계를 향해 끊임없이 묻고 있다. 「묻노니 어디 있는가」를 참조한다면, 그 물음은 "없는 곳에도 있다/ 피 같은 잡초에도 있다/ 똥오줌에도 있다"에 암시된바 그대로, 우리 시대의 비근(卑近)한 존재들을 감싸 안으며 펼쳐지고 있다. 근대의 이성이 버린 것들을 시의 세계로 불러냄으로써 시인은 "달을 가리키는 손가락에도 없"(같은 시)는 그 무언가를 계속해서 상상한다. 무언가는 무언가일 뿐이다. 혼돈을 혼돈으로 인정하지 않으면, 그리하여 혼돈의 몸에 구멍을 뚫으면 혼돈은 죽을 수밖에 없다. 무언가라는 비인칭의 대상을 무언가로 인정하는 세계를 시인은 한없이 그리워한다. 비인칭이니 그것은 인간이라고 할 수 없다. 인간세계의 바깥을 향한 시인의 행보는 여기서 산인—광인의 행보와 자연스럽게 맞물린다. "나는 낮은 목소리로 걸어가고 있다"(「걷잡을 수 없는 실 위에서」)라고 시인은 이야기한다. 낮은 목소리는 한없이 낮은 시인의 자세로 이어진다. 그 낮은 곳에서 그는 무엇을 발견했을까? 가슴속에서 들끓는 광인의 거친 소리를 시인은 어떻게 낮은 목소리로 돌려놓은 것일까?

3. 더 낮은 마음의 길

광인의 길은 "시간의 짐을 벗어놓은 자리"(「시간의 짐을 벗어놓은 자리」)와 맞물려 있다. 시간은 무엇보다 생명의 자리를 형성하지만, 한편으로 시간은 생명을 죽음으로 이끄는 힘으로도 작용한다. 삶과 죽음을 통합하는 힘이 시간에는 내재되어 있는

바, 시간에 대한 생명의 근원적인 공포는 이러한 시간의 역설로부터 뻗어 나온다고 보면 좋겠다. "시간의 짐을 벗어놓은 자리"는 그러므로 시인이 시간의 너머를 향해 가고 있음을 에둘러 드러낸다. 시간의 너머는 시간의 역설, 그러니까 삶과 죽음의 역설이 사라진 자리를 의미한다. 문제는 바로 이 지점에서 시작된다. 삶과 죽음의 역설이 사라진 시간의 자리는 생명이 있는 한 도달할 수 없는 자리라고 할 수 있다. 시간의 짐을 벗는다는 것 자체가 시간의 바깥, 곧 죽음과 관련되어 있지 않은가.

광인으로서의 시인의 길은 그렇다면 죽음의 길에 해당된다는 것인가? 그럴 수도 있고, 아닐 수도 있다. 광인의 길이 이성의 법칙을 통해 만들어진 세계와는 반대의 길에 있다는 점에서, 그것은 죽음의 길이라고 말할 수 있다. 동시에, 광인의 길이 이성의 세계와는 다른 세계를 새로운 언어로 표현하는 길이라는 점에서, 그것은 새로운 생성의 길이라고 말할 수 있다. 죽음과 생성이 둘이 아니라 하나라는 역설은 여기서는 무의미하다. 죽음은 죽음이고, 생성은 생성이라는 말 또한 무의미하기는 마찬가지다. 중요한 것은 죽음과 생성의 시적 여정이 광인의 길로 시화되고 있는 사실에 있다. 시인이 죽음 속에서 새로운 생성의 길을 발견하려고 하는 것은 분명하지만, 그 길은 생성이 곧 죽음(혹은 죽음이 곧 생성)이 되는 여정 속에서 펼쳐진다.

도솔로 가는 길
멀고도 가까운 마음의 길이려니
목화솜 부풀어 하얀 목화밭길도 아니다
이끼 낀 망부석 탑길도 아니다

광기와 야만의 숲을 지나서
따질 수 없는 세월을 지나서
전생의 밥그릇까지 다 비워놓은 자리
지금 이 자리보다 더 낮은 곳이려니

—「도솔로 가는 길」 전문

도솔로 가는 길은 멀고도 가까운 마음의 길이라고 시인은 말한다. 마음의 길은 멀 수도 있고, 가까울 수도 있다. 돌려 말하면 도솔로 가는 길은 마음의 길의 여정에 따라 달라질 수 있다는 말이다. 누군가에게는 한없이 먼 길이, 누군가에는 한 발짝만 내디디면 되는 가까운 길이다. 마음먹기에 달려 있다는 것일까? '마음먹기' 라는 말을 사용했지만, 마음을 먹는 것만으로 도솔로 가는 길이 열리는 것은 아니리라. 누군들 도솔로 가는 길을 거부할 것인가. 지금보다 나은 세상을 향한 인간의 꿈이 도솔천을 만든 것이라면, 우리의 마음속에는 이미 도솔로 가는 길이 새겨져 있다고 봐도 좋다. 그러므로 문제는 '마음먹기' 를 넘어서는 곳에 있다. 누구나 마음을 먹을 수 있지만, 아무나 마음의 길로 들어서지는 않는다. 마음의 길은 하얀 목화밭처럼 부드러운 길도 아니고, 망부석 탑길처럼 이끼 낀 길도 아니다. 마음의 길은 그 마음의 주체를 사로잡은 욕망의 길을 지나서, 시인의 말대로라면 "광기와 야만의 숲을 지나서/ 따질 수 없는 세월을 지나서" 가야만 하는 고행의 길이다.

거기로 가는 길 도처에는 우리네 욕망이 빚은 환영들이 수없이 깔려 있다. 그냥 깔려 있는 게 아니다. 환영들은 그 길로 들어

선 이의 감각을 현혹한다. 전생의 이미지가 펼쳐지고, 현생의 고통이 파노라마처럼 펼쳐진다. 욕망의 실험이다. 이 실험을 이겨내지 못하면 처음부터 다시 시작해야 한다. 시인은 "전생의 밥그릇까지 다 비워놓은 자리"를 도솔로 가는 길로 표현하고 있다. 욕망이 사라진 자리에서 도솔의 세계가 피어오른다. 하지만, 여전히 이 세계는 우리에게 꿈일 뿐이다. 욕망이 사라진 자리를 우리는 '상상' 할 수 있지만, 실제 현실 속에서 그것은 우리의 손에 닿을 수 없는 어떤 세계에 존재한다. 그렇다면 포기해야 할 것일까? 도솔로 가는 꿈을 포기하고 욕망에 길들여져 '편하게' 살아야 하는 것일까?

"지금 이 자리보다 더 낮은 곳"으로 내려갈 것이라는 시인의 시적 다짐을 우리가 주목해야 하는 이유는 여기에 있다. 자신이 서 있는 자리에 고착되어 있으면 도솔로 가는 길은 그만큼 멀어질 수밖에 없다. 도솔로 가는 길은 이미 이루어진 길이 아니라, 계속해서 걸어가야 할 '진행'의 길이기 때문이다. 같은 맥락으로 더 낮은 곳으로 내려가는 시인의 길 또한 어떤 한계가 정해진 길이 아니라고 봐야 한다. 살아 있는 한 끊임없이 더 낮은 곳으로 내려가야 한다는 것을 시인은 분명히 알고 있다. 내려가고 내려가다 보면 "아름다운 이유도 모른 채" 하늘을 향해 미소 짓는 저 "향기 높은 붓꽃 한 송이"(「한적한 오솔길 옆에서도」)의 마음에 이르게 된다. 하늘이 아름답다고 생각하는 순간, 하늘은 대상이 되어버린다. 더 이상 내려갈 곳이 없다는 의미이다. 자연을 대상화한 인간—주체의 문제는 바로 여기서 발생하거니와, 시인은 대상에 대한 이성적 판단을 제어함으로써 사물의 깊숙한 길로 나아가는 길을 열어 보인 셈이다.

여기에 생명이 없다면
여기에 아무도 살지 않으리라
황톳빛 물이 흘러내리는 영토 위에
죽음의 애도가 무엇인지

낯설고 물 설은 땅
동족의 피가 필사적인 땅
놀라며 깨닫게 되는 해탈의 땅
이젠 편안히 살다 죽어가고 싶지 않다

애정으로 가득한 마음
손에 쥔 검은 조약돌과
흰 조약돌은
그리운 해변의 얼굴

떠가는 뭉게구름 따라
이젠 육신도 마음도 늙고 싶지 않다
큰 산 산울림 침묵이 혼을 깨우듯
오늘도 온몸으로 일기를 쓴다

—「여기에 생명이 없다면」 전문

광인은 생명의 땅에서 진정한 노래를 부르려고 한다. 생명의 땅은 수많은 생명들이 사는 땅이다. 이 땅에 생명이 없다면, 거기서 노래를 부르는 게 무슨 의미가 있겠는가? '나' 라는 존재가

발 딛고 있는 바로 이곳이 생명의 땅이고, 바로 그곳에서 광인의 노래가 울려 퍼진다. 광인은 "낯설고 물 설은 땅/ 동족의 피가 필사적인 땅"에서 해탈로 가는 길을 열려고 한다. 해탈은 따라서 우리가 사는 이곳이 아니면 이루어질 수 없다. 현실에 발을 딛고, 현실을 통해 현실의 너머로 나아가는 해탈의 길을 시인은 위 시에서 분명히 보여주고 있다.

"이젠 편안히 살다 죽어가고 싶지 않다"는 시인의 다짐이 단순한 수사가 아닌 이유는 여기에 있다. 편안히 살다 죽는 것은 해탈의 길을 포기하는 것이다. 해탈의 길은 동족의 피로 물든 이 땅을 오체투지로 기어가는 험난한 과정을 내포하기 있기 때문이다. 그래서 시인은 "오늘도 온몸으로 일기를 쓴다". 동족의 피로 물든 그의 온몸은 우리로 하여금 진정한 생명의 땅이 무엇인지를 새삼 생각하게 만든다. 동족의 피로 물든 땅에서 편안하게 살다 죽는 건 과연 옳은 일일까? '옳다'라는 가치 판단의 용어가 거슬린다면, 그렇게 살다 죽으면 우리는 과연 도솔에 이를 수 있을까? 시인은 피로 물든 온몸으로 시를 씀으로써 침묵하는 우리들을 향해 "이제 육신도 마음도 늙고 싶지 않다"고 거침없이 말하고 있다.

"순정을 다하는 마음"(「거울이 등지고 앉았다」)으로 시인은 시간의 짐을 벗어놓은 "저 경계"(「저 경계」)를 향해 하염없이 걷고 있다. 그 길 위에 서서 그는 "마음도 푸른 천진난만한 어린이들의"(「하늘도 푸르고 꿈도 푸르고」) 세계를 만들기 위해 오늘도 하느님과 통화를 시도한다. 그가 추구하는 해탈의 길은 이렇게 어린이 같은 사람들과 더불어 가는 연대의 길이라고 할 수 있다. '적자지심(赤子之心)'이라는 말에 나타나거니와, 어린이(갓

난아이라고 해도 좋다)는 보이는 대로 사물의 모습을 보고, 들리는 대로 사물의 소리를 듣는다. 사물을 향해 열려 있는 마음이 사물과 하나가 되는 마음으로 이어지는 것이라면, 어린이의 마음은 이러한 '열린 마음'의 상태를 정확히 가리키고 있다. 이렇게 본다면 어린이의 마음은 근대이성이 세운 문명의 욕망과 그 근본부터 다르다고 할 수 있다. 문명이 잃어버린 마음이라고나 할까. 산인-광인으로서의 시인의 형상은 이러한 어린이의 마음과 더불어 이루어졌다고 봐도 좋을 것이다.

나루의 배가 강을 건너가듯 시인은 어린이의 마음으로 시를 쓴다. 그가 이야기하는 온몸의 시는 이처럼 어린이의 자연스러운 마음에 그 시작(詩作)의 바탕을 두고 있다. 생의 나이 칠십에 이른 한 노(老)시인의 마음이 어린이의 마음을 향하고 있는 이 장면을 우리는 어떻게 이해하면 좋을까? 미성숙한 존재를 성숙의 길로 인도하는 근대 계몽인의 길과는 어긋나게, 시인은 스스로 미성숙의 마음속으로 다시금 들어가려 하고 있다. 시인이니까 그런 거라고 단정 짓지는 말자. 시인이라고 해도 꼭 그런 것은 아니니까 말이다. '종심(從心)'이라는 말과 어울리게 시인은 제 마음이 이끄는 대로 발을 디딘다. 그렇게 마음을 따라 길을 걷다 보면 "물이 물같이 흐르고/ 불은 불같이 타오르고/ 바람은 바람같이" 부는 어떤 경지에 이른다. 물은 당연히 물같이 흘러야 하고, 불은 당연히 불같이 타올라야 한다. 바람이 바람같이 불지 않는다면 그것을 바람이라고 할 수 있을까.

적자지심으로 내딛는 시인의 발걸음은 이렇듯 물처럼, 불처럼, 바람처럼 자연스러운 시심으로 이어진다. 생명의 땅에서 생명답게 산다는 것은 무엇일까? 생명답게 산다는 건 결국 가장 자연스러운 생명의 길을 따른다는 것이 아닐까. 시인은 바로 그 마음으로 오늘도 산인이 되어 산을 찾는다. 그 산에 그의 마음이 있고, 그 산에 그의 시심이 있다. 그곳에서 그는 이 세상의 모든 생명들과 "함께 가는 해탈의 길"을 꿈꾼다. 그것은 과연 가능할 수 있을까? 이 질문은 어쩌면 우문(愚問)일지도 모른다. 시인이 가는 해탈의 길은 불가능하다고 해서 피할 수 있는 길이 아니기 때문이다. 요컨대 시인에게 그 길은 생명으로 태어난 존재라면 반드시 걸어가야 할 길이다. 그리고 그 길 위에서 시인은 시를 쓴다. 모든 이와 함께 하는 해탈의 시를.

심지시선 030

물은 물같이 흐르고

2015년 7월 3일 초판 1쇄 발행

지은이 박진용
펴낸이 윤영진
편 집 함순례
디자인 한천규
펴낸곳 도서출판 심지
등록 제 253호
주소 300-812 대전광역시 동구 대전로 867번길 46
전화 042 635 9942
팩스 042 635 9941
전자우편 simji42@hanmail.net

ISBN 978-89-6627-092-7 03810